数据时代的外贸新思维

SHUJU SHIDAI DE WAIMAO XINSIWEI

张晔◎著

SPM
南方出版传媒
广东经济出版社
—广州—

图书在版编目（CIP）数据

数据时代的外贸新思维/张晔著. —广州：广东经济出版社，2016.1

ISBN 978-7-5454-4340-0

Ⅰ.①数… Ⅱ.①张… Ⅲ.①对外贸易-研究 Ⅳ.①F740.4

中国版本图书馆 CIP 数据核字（2015）第 293760 号

出 版 人：姚丹林
责任编辑：刘 倩
责任技编：许伟斌
封面设计：张佳美

出版发行	广东经济出版社（广州市环市东路水荫路 11 号 11~12 楼）
经销	全国新华书店
印刷	佛山市浩文彩色印刷有限公司（南海狮山科技工业园 A 区兴旺路）
开本	730 毫米×1020 毫米 1/16
印张	11.5
字数	146 000 字
版次	2016 年 1 月第 1 版
印次	2016 年 1 月第 1 次
印数	1~5 000 册
书号	ISBN 978-7-5454-4340-0
定价	36.00 元

如发现印装质量问题，影响阅读，请与承印厂联系调换。
发行部地址：广州市环市东路水荫路 11 号 11 楼
电话：（020）38306055 37601950 邮政编码：510075
邮购地址：广州市环市东路水荫路 11 号 11 楼
电话：（020）37601950 营销网址：**http://www.gebook.com**
广东经济出版社新浪官方微博：**http://e.weibo.com/gebook**
广东经济出版社常年法律顾问：何剑桥律师

序

接到邀请写这本书的时候，刚好是带了一个全新的销售团队大半年，中间的过程真的是如鱼饮水，冷暖自知。编辑跟我商量内容时，我当时的第一反应是写一本如何在短时间里迅速指导外贸新人上手的书，因为我正做着这样的工作，不管是培训内容还是培训实例都热气腾腾，新鲜得很，随便理理就是厚厚的笔记呀。但编辑听说我的工作年份后，说写本实战性的工具书可能更好，毕竟我有这么多年的从业经验。

我考虑了一下，参加工作这么多年，从一开始入行就在销售团队中，曾经笑言供应链的每个岗位都已亲身体验过。作为一名国内对外贸易这么多年风风雨雨的亲历者，写这本书也算应当应分。况且近年来外贸行业受到互联网电商的猛烈冲击，而我一直在工作中摸索许多利用互联网手段和大数据来升级外贸的新方法，那么就在这里给这些方法和工具做个小结，同时结合这些年来经历过的实例和体会，给自己的工作做个完整的梳理。

以往在单位里培训的时候就有同事给我出主意说应该做些视频放到网上惠及大家，或者去那种语音网站开个小班教书育人，算是兼职。当时我都是当笑话听的，没想这次还真要把自己的经验都拿出来与行业里的朋友们分享。真心希望这是抛砖引玉，能引来同行们更多的好方法、好主意。

我从一个懵懂的外贸新兵到算是个资深外贸人，也就短短的十多年，光阴如水，一晃已经是公司里的“老人”，同事心目中的前辈。对比自己所做的工作，其实还真的算不上什么前辈。在这十几年里，我们国家的经济有了翻天覆地的变化，外贸跟着这股东风也有了前所未有的发展，GDP 里外贸的比重就是最好的佐证。记得刚入行时我们的报关资料上显示对 HS 编码产品单位没有严格要求，只要你能提供工厂的发票，就能申报。再比对现在报关对提供资料的严格要求，所有的文字和 HS 编码要求必须匹配，所提供的信息要和其他提供的资料（如增值税发票、提单等）匹配。那个时候我们还要为每单贸易申请许可证，有些大宗商品还有每单商检的要求，个别产品还有配额的重重限制。每票贸易申报海关时还需要提交核销单，为了简化手续，这个核销单前不久已经被取消，后入行的同事们只能从档案里看到昔日风光无限的核销单复印件了。但那个时候我们从不操心汇率的问题，因为它永远是那个固定数字。汇率要变动之前的那些日子，大家都担心得不得了，觉得从此好日子就要结束了。结果这些年汇率起起伏伏，也没见到谁真正掉队，现在想想我们只不过是杞人忧天。还有个有趣的现象是大家都觉得过去的那段岁月才是外贸的黄金时代，可我们身在行业里的却从没觉得那是多么值得怀念的黄金岁月，因为每年都有新的困难等着我们，汇率变化，金融危机，外贸政策的变动，个体外贸的崛起，一桩桩，一件件，好像昨天才刚刚发生。每年年初制订计划时永远都在愁肠百结，总觉得今年真难呀，但到了年底，发现居然都熬过来了，结果还不算太坏，遇到退税政策调整时我们还能赚点意外之财。

这几年互联网的崛起，带来的是全新的商业理念，电商更是彻底颠覆了传统行业的销售模式。一开始外贸行业没有感觉到互联网跟本行业之间有多大的关联，最多也就是多了个 B2B 平台。然而到了跨境外贸蓬勃发展，各地自贸区如雨后春笋般出现时，外贸行业才突然发现自己已经危机四伏。因为互联网的存在，做外贸已经没有那么难入门，只要有客户、有货源，人人都可以是外贸销售员。当然很多明眼人还是看到现在的局面既是威胁又是机会，到底是机会大于威胁还是威胁大于机会，就看你怎么去布局，怎么去实施了。互联网谋求打造的扁平化世界，将彻底改变原来的市场规则和生活习惯。这全新的理念让贸易变得更灵活便利，更贴近生活。毕竟贸易最初是为了互通有无，利国利民，作为外贸人更应趁着这个机会把我们的商品销往更多的地方，让更多的人享受到物质文明带来的便捷和舒适。

就像一开始说的那样，这本小书是我体会到信息时代的高效运作，进入互联网平台后汇聚的一点实际经验，算是对过去几年中成熟和不太成熟的应用互联网方法及工具与结合实际外贸实务工作的一些总结，这份总结算是对前几年工作得失的总结，同时也是我今后工作的新起点。事物在发展，我们也在前行。前行中总有困难，但我们要学会用更先进的方法和工具，突出重围，达到新的高度。

目 录

第一篇 谋篇布局

第二篇 实战演练

引 言

俗话说：师傅领进门，修行在个人。中国的外贸发展到今天已历经几十年，早就呈现千军万马过独木桥的态势，如何抢在别人面前到达河对岸恐怕是每个从业人员的理想。又有俗话说：磨刀不误砍柴工。引用在此的意思就是过独木桥的方法千千万万，就看你怎么去把握。

在这本小书里，我将为大家介绍数据时代里实用性、可操作性强的工具和操作方法，让大家在“过桥”的时候增加一些胜算。为了更好地介绍这些方法和思路，在接下来的章节里我将用各种例子和表格串讲，来彰显案例中的做法的缘故和意义。就像玩游戏一样，大家跟着例子和故事一起来经历、体验，从而达到预期目的：让大家更好地、有所准备地来从事这个行业，并在这个行业里达到预期的目标。

由于近年来外贸比重在 GDP 的高份额，我们的产业群基本都围绕着外贸产业发展，因此在全球性的金融危机后，漫长的复苏过程和国内经济下行的压力，国内劳动力成本的成长等内外因素带给外向型经济前所未有的巨大压力。所以大家开始觉得我们这行开始不好做了，黄金时代算是彻底结束了。但事实上互联网带给整个国际市场的信息更为透明化，同时由于国内原来的很多优势产业因为行业的升级换代，导致劳动力红利时代的结束，所以要从劳动密集型转为技术密集型。在目前的经济形势下，这个行业比十几年之前有更多危机和挑战，需要从业人员具备更敏锐的市场思维和更强的实战操作能力：了解本企业的优劣势，了解面对的市场，了解客户的真实需求，将自身优势发挥到最大化。那么不管面对什么样的客户和什么样的市场状况，我们都能从容应对，化危为机，为自己的企业争取最大的市场份额。

第一篇

谋篇布局

我们假定的背景是目前国内各种形形色色的外贸公司，规模有大有小，经营情况有好有坏。它们经历了外汇从设定汇率时代到浮动利率时代，也经历了20世纪90年代末和新世纪初期的金融危机，从各种许可证，检验单据时代走来。它们在互联网时代的大洪流里颠沛流离，对新生事物无所适从。怎么样从传统的外贸一跃成为互联网时代的所谓升级版的外贸2.0是目前这些大小公司都要深思和改革的方向。

我们接着要讲的这个模拟案例就是在这众多公司里的一个中小规模公司，该公司已经从事外贸多年，在行业里算是有一定经验和贸易基础的企业，与相配套的供应工厂的关系也不错，但这些年的业务量却一直没有明显的进展，甚至有下降的趋势，这让经营者很是发愁。虽然经营者也去参加了各种研讨、培训，但还是没有解决实质性问题的良策。这时候他看到这几年电商搞得风生水起，心里想销售的实质应该大同小异，也许可以借鉴电商的方法来改革一下，说不定还真是一条好的出路。

既然有这样的想法，他便积极地去搜集和咨询这方面的资料和方法，功夫不负有心人，他学到了很多传统行业里没有的方法和工具，并且结合自己多年来的经验和对行业的了解，想尽办法将这些工具和方法应用到自己的企业里，且看他如何把这些方法应用到他的企业里去。

一、学会管理自己的客户

☞ 1. 传统管理客户的方法

像其他外贸公司一样，该公司在体系上并没有一套被大家认可的管理方法，所谓的管理方法只是按照大多数传统行业的办法，把上年度的那些纸质文档统一堆放在公司的一个指定角落，这就算归档。但在 ISO 制度进入我国企业管理的范围内后，许多企业主动或被动地接受了这个体系的培训，进入了真正的管理范畴。不管认证这件事做得是否到位，至少年底档案的整理已经形成了制度，并且有了目录、归档和存放要求。而这样的整理在日常工作中发挥了很大的作用，比如说某个客户对出货单据有自己的独特要求，如果是以往大概还需要跟客户重新确认一遍，现在只要查上一年合同的单据是怎么要求的，翻下档案的目录查到那票货的留档，就知道具体情况。另外，上年出的货如果出了问题遭到客户投诉，我们就需要去翻当时的合同是怎么说的，看是否能从合同里发现问题所在。诸如此类的问题都不需要再大费周章，利用档案就可以及时地解决，这比起将档案堆在一起的时候要方便快捷得多，而且也算是对客户进行了一定程度的管理。在面对每年的认证复审时也能在第一时间把各种资料递交上去，应对自如。但要说这是在直接进行客户管理就有点牵强，因为档案是根据时间先后顺序来整理的，序号则是根据公司的合同号来编排的，所搜集的信息仅限于客户成交后的单据资料，至于要体现在成交过程中的其他信息并未搜集在内。那么新兴行业又是怎么处理这方面的资料的呢？

☞ 2. 数据时代管理客户的方法

前面说到传统外贸行业在信息日益高速化的时代有些日落西山的趋势，因为大家还拘泥在传统的模式里，不懂得利用现代的科学方法。那么怎么样才能从传统版升级到现代互联网版呢？我们先从最基础的管理客户说起。

这几年电商效应铺天盖地而来，对我们的生活造成了前所未有的冲击，可以说是工业革命、电子化革命后的又一个革命，而且这个革命是那么迅猛和直接，手段粗暴但确实非常有效，短时间里催生出无数巨无霸企业。

在这些声势浩大的活动之后就是海量的数据在支持，这些数据来自电商们对各种信息的搜集和整理，在互联网思维的客户管理方法下还原客户真实的消费模式和消费习惯，为电商们的轰炸式营销提前确认了准确的方向和途径。

我们把这种思路和手段应用到外贸客户管理上去是不是也能得出理想的结果呢？

先来说客户数据的收集，我们需要从单纯的收集出货资料发展到客户资料的收集，把公司的家底全部翻出来，整理出所有交易过的客户的列表，把客户的名字、地址、网址、联系人、客户来源、主要经营产品和历年交易金额统统列上去。不要担心提供的信息太多、太杂，只要按这几个门类去收集汇总，最后列成表的就是我们需要先整理的基础信息，就好比一幢大厦，不管规划得多么完美，基础没打扎实，一切都白搭。

所以这个工作是基石，是我们一切努力的起点和出发点。

结合以上要点列表举例如下：

客户名称	地址	网址	联系人	客户来源	主要产品	本年交易额	上年交易额	前年交易额

这份表格是在实际工作中应用得出的一个例子，大家可以根据自己的产品和客户特色来设计适合自己的表格。只要能把需要的数据汇集到一起就是好的表格。

分门别类的数据不一定都有现成的，我们需要从之前的财务数据和档案里整理出来，工程浩大，耗力耗时。但非常有意义，这种抖家底的工作要做得彻底到位才能真正给企业找到新方向和新出路，因为真实的数据会让你的判断变得准确，决策变得有效。

整理数据后，你们会发现真实的家底和往常的财务数据比起来还是有很大的不同。

第一，我们看到了参差不齐的客户情况。我们会惊讶客户的数量，但同样会吃惊我们的客户质量原来就是这个水平。因为在表格里我们看到了3年的交易金额，对比情况一目了然。数字真的最有说服力，谁在增长，谁在衰退，谁又在止步不前，再多的文字阐述在这些数字面前都显得十分苍白无力。

第二，我们会看到客户结构非常混乱，来源多样。分布的地区遍及全球，有些客户甚至想不起来是从何而来的。因为按照传统观念，上门来的客户都是客户，不能嫌弃，无论交易是大的还是小的都应该做。

第三，我们的出口商品种类五花八门，简直没法统计。对比我们企业样本里的产品，我们发现自己在日常工作中没有重点，更谈不上有优势，只是随波逐流，虽说有销售指标，但没有企业长远发展的方向，每年就是在找订单、找客户的圈子里打转。

第四，我们会比在整理前更忧心前途，不整理不知道，一整理才发现我们的家底实在拿不出手。原来以为挺不错的基础和实力在数据面前变得不堪一击。

我们怎么样才能扭转这个局面？我们如何确确实实地管理好客户，同时为接下来的开拓业务服务呢？我们可以利用前面那份表格，先来做下统计分析工作。

第一，我们要从表格里圈出前十位客户，选择前十位的关键词如下：第一种是近三年来交易额在增长的客户，第二种是本年交易额前十位的客户，第三种是单项商品出口利润金额前十位的客户。

然后把三组数据交叉汇总，得出本企业里真正意义上有优势的前十位客户。

第二，列示前十位客户的主要进口产品是哪些，比对企业本身的优势产品看是否有重合，如果有重合，那么进行下一项分析，如果不重合，有分歧，那么就要对分歧进行仔细过滤，看是什么原因造成企业的优势产品没有成为市场上的优势产品，是企业本身认定的优势产品有问题，还是我们在选择市场上出了问题。

第三，重合商品的客户分布地在哪里？不重合的商品客户分布地又在哪里？我们计划里重点需要开发的地区是否与上述地区重合？

第四，我们的客户来源是哪里？前十位的客户又来源于哪里？重点客户的来源是否高度重合？

第五，把近三年来交易额持续走下坡路的客户整理出来，计算他们下行的比例。同时把他们走下坡路的商品类别列示，看是否在我们的重点商品里。然后确认这些客户的地区和来源，看是否是整体市场滑坡引起的交易下行，还是客户来源不够稳定等诸多原因造成的。

第六，把上述信息汇总。比对我们近几年的经营思路，看这些得出的结论跟我们原先的计划是否有很大的出入，出入大的地方是哪里？是对整个市场把握不清，还是我们的产品需要升级，或者还有其他管理不良带来的内部问题造成了这样的局面？

等大家把这些问题的答案都一一找到，会发现这个方法比起传统的管理方法来根本不可同日而语，它涉及的范围更广，数据更丰富准确，直接关系到公司当前和未来的经营方向与经营决策。

☞ 3. 优秀的数据管理客户方法带来客户和市场

比较了前面两种管理方法，毋庸置疑，大家都会选第二种。

数据管理的优点是能把繁杂的数据抽丝剥茧，理出我们需求的内容来。这些优点带来的好处是会让电商成绩单明晃晃地出现在眼前。那么我们可以用这个方法来带动市场和客户吗？答案是肯定的。

我们回过头来看第二项里的那些问题，从这些问题里肯定能找出企业业务停滞不前的诸多因素，找到了原因，我们就可以想办法去解决，从而改进这些短板。

首先，我们已经找出了优势产品。如果这些产品是我们企业的优势产品，那么我们接着要做的只是找到更多更优秀的客户群。如果不是，我们先要做的就是整合我们的产品，不要舍不得，要非常坚决地去芜存菁。传统贸易是客户来问什么，我们就卖给他什么，这种订单经营的粗放式外贸在目前的市场情况下已经慢慢失去了优势，如果还是坚持这样的经营模式，迟早会失去优质的客户。所以我们的产品规划应该是有的放矢，根据自身产品特色加上对这个产品前景的预测锁定明确的目标客户群。比方说根据产品特性来做行业的供应商，或者根据本身的技术力量，争做行业的技术专家，类似这样的现代组合拳打出去才有亮点和优势，而且也不会因为市场变化的关系大起大落。说穿了，就是要逐渐成为难以替代的供应商，让自己在市场上立于不败之地。

其次，我们根据之前分析的客户地区来判别这些地区是否符合我们的发展规划。如果目前重点客户所在的地区是符合我们的发展规划的，接下去的重点就是花大力气去整合客户资源，开发更多的重点客户。如果目前的地区客户虽然多，但这些市场的前景跟我们的规划南辕北辙，或者是市场的前景很暗淡，我们之所以还能吸引到客户，是靠着拼低价的方式。我们也知道做低价不是长久之计，但因为没有其他更好的市场做替代，所以只能忍气吞声地做着。在这些情况下，其实我们的经营风险已经很大，随时会因为市场的下行而走向衰落。如果只是规划不同，我们还可以去核对是不是我们的规划出现了偏差，做适当的调整还是能快速地让我们的销售方向走上正轨。但如果是前者，那么我们不但要在开拓客户上下很大的工夫，同时还要区别对待不同地区的产品质量、产品需求，如果不能够保证不同地区不同品质，我们将无法争取到客户的信任，从而也就没有业绩增长的可能。做惯了低价的中国企业，目前已经进入了这种进退两难，万分尴尬的阶段，市场倒逼我们转型升级的时候到了，成败也就这几年的功夫。如何抓住转型契机，让自己的企业跟着市场变化而变化是我们生存的最大命题。但不管怎样，质量是企业的生命，在任何时代、任何行业中都是至高准则。只有过硬的产品才能造就经营百年的企业。

最后，在确定了产品和地区后，我们就可以来审视原有的这些客户。按电商的营销手段，我们可以继续往下分析前面这份表格，比如返单客户占了多少比例，返单频率是怎样的？我们有季节性销售的产品吗？在特定地区我们最为畅销的产品是什么？我们的产品在重点区域中的哪个地区最受欢迎？如果可能还可以收集同行的同类型数据，拿自己的数据跟整个行业的比较，这样对自身优势会有更清晰的把握。

都说市场艰难，客户难以发展，但还是有很多企业在顺利发展，因此找思路、找方法的重要性可见一斑。参考了前面的表格，我们发现其实资料和方法都在自己的手里，就看你怎么去运用。

当前面几个问题都有了答案，我们就得到了销售中最宝贵的第一手数据，好让我们在订立销售计划的时候不用再说些套话、空话。在规划和审核重点市场的同时可以腾出手来整理我们的重点产品，根据整理的数据的实际要求，反过来对产品进行最后的挑选和调整。另外根据这些数据，我们可以开始有针对性地管理客户，按地区、按品类交叉管理。

举个例子，某地区有这样的客户：与他类似的客户经销的品种比他更多。那么我们在确认他即将返单时可以向他介绍，告诉他其实可以考虑另外买点别的产品，因为我们知道其他产品在这个地区也有市场。把这样的信息分享给客户，他肯定乐意接受。而这样的推荐可以有两个预知的结果：第一个可能是客户本身也在进口这些产品，但不知道我们能提供；第二个可能是客户其实知道这些产品，但因为没有什么产品渠道也就不太重视，加上他的客户没需求或者需求不多，所以他也没有特意去寻找货源。如果推荐的时机得当，我们再提供些优惠措施，那么客户的采购量就会增长。

另一个例子是，我们经过对数据进行抽样分析，发现某个地区其实应该有我们产品的采购商，可我们的客户群里居然没有来自这个地区的，显然我们的推广没做到位。于是我们直接去联系这些地区的客户，通过推荐产品、寄样等环节，果然找到了对口的客户。

这些例子直接证明数据对我们的工作起到了重要作用。

等做完了这些分析，最后再来回答这些问题：

（1）购买我们公司产品的客户主要来自什么国家及地区，今后我们的主要市场会在哪里？我们重点开发的市场是否与主要市场重合？

（2）以往成交的客户是处于哪种水平的，比如公司大小，是用户还是贸易商？我们的目标客户是大公司还是小公司，是进口商还是用户？

（3）除主要客户之外，在名单上还有哪些地区的客户值得我们重视？

（4）前期看好，最后只成交一单的客户要去核查分析为什么没有返单，是否还有返单的机会，如果有，是不是要保持联系，以免丢失客户，那么促进再次采购的手段应该有哪些？

（5）如果交易过程中发现产品不对路，客户也不对路，要尽快结束这些产品的推广，同时判断这些客户是否还值得跟进，把人力物力花在更值得的客户那里。开发新客户的同时要重视老客户，一般情况下，我们每年80%以上的交易额都来自老客户，所以要重点关注老客户的发展情况，同时要顺着我们产业的发展，深耕老客户，让客户参与我们的发展。

以上列举的问题只是针对部分情况，在实际工作中可能有更多更复杂的问题需要处理。所以具体问题要进行具体的分析处理，采集的数据尽量做到覆盖面广，以便最后的答案能接近事实情况。如果现阶段得不出具体的解决方案，那就边执行边寻找解答的途径。问题的范围涉及越广，答案越不是一朝一夕可以给出的。

只要我们掌握了这套分析管理的方法，慢慢就会在整个企业内部形成相应的机制来管理日常工作。只有企业内部从心底里认可这套方法，真正统一思想和制定相应的工作流程，这个方法就能为今后的工作开展奠定扎实基础。

也只有这样我们才可以说管理客户的基础工作基本上已完成。

只有把客户的情况搞明白，我们才能进一步去调查和改善其他方面的问题。

网上有个小贴士叫作“如何做好客户管理？”具体有以下几个重要

的节点：(1）客户不是越多越好，而是越准确越好；(2）裁减坏客户，关注好客户；(3）挑剔的才是好客户；(4）老客户是宝贝；(5）站在客户的角度提出方案；(6）善用口碑营销；(7）成交客户而非业务；(8）用心是取得客户信任的关键；(9）客户利润需要细水长流；(10）要有招牌客户。

这个小贴士可以让大家在日常工作里提醒自己在销售中应该如何规划市场，如何过滤客户，如何在遇到棘手问题时妥善解决，如何保持客户的稳定等。

二、向市场要资源

☞ 1. 传统的业务开展模式

外贸行业一直以来最直接的发展客户的模式是参加展会。改革开放后最为著名的是国内春秋两季在广州举办的中国进出口商品交易会，后来又增加了上海的中国华东进出口商品交易会。之后各种专业的展会如雨后春笋般崛起，再后来主管部门鼓励企业走出国门，于是各种行业协会组织企业去国外参加各种综合的、专业的展会，以增加自家企业的曝光度，同时也是为了在世界上展现中国产品、中国企业的面貌。在互联网还没有发展到如今这种程度的时候，展会基本上是有立竿见影效果的唯一模式。除了展会还有通过对外贸易刊物上发布的求购信息及通过贸促会等组织介绍到国外的各个商会，通过商会的各种活动认识当地客户。

之前大家为了争取去参加展会，租到好地段的摊位，都需要通过各种手段，或是高价租摊位，或是通过人脉去选最好的位置，而去参加的人也必须是单位里比较优秀的业务员，一般的业务员还轮不到去参加展会。于是有部分胆大的同事为了能迅速找到客户打开局面，甚至自费去广州，然后找个好说话的单位租个角落找客户。当然这些今天说起来都是老皇历了，虽然展会还是那个展会，但已经没有了昔日风光，那种排着长队，一票难求的日子更是一去不复返了。

刚才讲到的在刊物上看到的采购信息，我们同事还真有人在这样的情形下找到了客户。起初只是抱着试试看的心态，给留下信息的客户寄信，那时通信模式也少，快递寄不起，只能去邮局寄航空邮件。寄出去的信件多了，慢慢就有人回信，然后就转为传真来往，最终也就做成了生意。在还没有 E-mail 的时代，传真是最便捷、最靠谱的联系手段。

贸促会帮忙联系的商会一般还是以华人商会为主，介绍的客户也是以华人为主。所以在互联网还不流行的时代，这个方法等于在本地找到了代理，效果还是很不错的。

B2B 模式出台后迅速变成了能与展会分庭抗礼的手段。最开始，这种建立平台的方式给很多初创企业带来了发展的机会。记得我单位里有位同事因为电脑技术好，从不参加展会，靠着网络，居然也做得风生水起，唯一美中不足的就是客户数量巨大，产品种类多得惊人。他每天忙着找供应商，同时因为不熟悉产品，经常发生报错价、发错货的事情。B2B 领域从一开始就注定会百家争鸣，因为是网络营销，客户渐渐发现平台上同质的产品实在太多，而且虚拟世界里根本无法证明谁家才是真正的好供应商，于是竞争日益激烈。

当然跟着 B2B 兴起的还有建立企业官网的这股风。因为看到平台带来的询盘，各家各户比赛一样地建立官网，都憋着一口气，希望这个网站能给自己带来无数的客户。可往往是理想很美，现实很残酷，新鲜劲儿很快就过去了，企业本身又没多少新闻，产品页也不可能天天上新，最后很多企业的官网因为长期缺乏维护，基本是个“死家伙”。我在网络上经常发现企业网站从建立之日起就再也没有更新过的情况，甚至连一些大企业也不能幸免，主要还是因为传统行业里没有这方面的人才去维护网站，因此也不可能让网站起到宣传的作用。

☞2. 数据时代的业务开拓模式

梳理完旧有的几种模式，接下来就要来讲讲目前可以操作、实用性高的模式。

前面我们已经把客户的“前世今生”整理得妥妥帖帖，已经明确了自己的优势和劣势，也深深了解了作为一家企业，生存的最大基础就是客户。显然目前手里的客户远远达不到我们的发展目标，那么应从哪里着手去找到客户呢？在数据时代，我们是不是也能分一杯羹呢？

这是接下来要讲的内容：向市场要资源。

怎么向市场要资源法呢？

我们目前的手段无非是参展和搭建 B2B 平台。但这几年平台的销售量并不理想，造成这种情况的原因很多，最主要的原因还是我们目前上架的产品没有针对性，基本上是企业生产什么就上什么，或者是同行上什么我们也上什么。另外就是平台上同质产品太多，造成竞争日趋恶劣。

我们有官网，但这个官网建成后除了偶尔上架、下架些产品，就没有什么定期更新，在吸引客户流量方面的作用接近于零。既然有这样的官网，我们就要利用起来，不能让它闲置。如何让它活跃起来需要借助互联网的管理方法。

首先，我们要提高这个官网被搜索引擎搜到的概率。除了版面、内容上的重新设计，还要定期发布信息，以增加被搜索到的机会。这些机会其实不是随便发布点信息就能争取到的，在实际操作时一般要先整理网上同类产品的热门词，看哪些词是适合我们用的。然后争取在我们的信息里嵌入这些热词，这样一来被搜索到的概率就会大增。如果有可能当然还要争取外链，以增加间接被搜索到的机会，被搜索到后就增加了被客户发现的机会。

其次，我们要把在 B2B 平台上的账号利用起来。平台内容跟官网的信息要有互动，上架产品之间更要互相配合呼应，以增加被点击到的机会。我们可以将 B2B 平台的上架商品从单一产品上架改为系列上架，这样客户点击后看到的页面中就含有一系列产品，无形中增加产品被采购的机会。类似某些购物网站的同类产品推荐页面中，客户看到熟悉的产品，也许就会愿意集中在某一家品类全的供应商里采购。

最后，则是去搜索引擎网站上购买热词，增加曝光率。购买热词这件事其实很多企业都在做，排名竞争已经非常激烈。我们要想争取到份额，就要看我们找到的词针对性强不强。互联网热门的 SEO 优化技术刚好可以应用在这里。除了热词比对外，其实还要分析我们目标客户在找这些产品时的习惯用词，这样筛选出来的词被点击的机会就会提高。

以上三点应用中都牵涉到的热词，要定期监控和分析，一旦发现比例偏低就要适时查找原因并及时调整，以保证本企业的高曝光率。

不要以为热词找几个就能一劳永逸，其实生意是动态的，我们的营销手段也要保持动态平衡。在寻找热词和上线热词的手段上，很多互联网企业已经出过书来讨论，说明这些手段日新月异，永远都在变化。

第一节里提到过产品整理，就是根据我们数据里显示的优势产品，然后结合自身的实际情况，灵活上架。前面三点涉及的热词，要定期监控，访问量过低的页面要重点分析原因，调整后如果还是得不到改善的就要及时下架页面上的产品，以保证所有的上架产品都有很强的针对性，要利用好平台上的资源。

参展是传统供应商获取客户的不二法门，所以不管到了哪个时代，参展都是必选项目。但我们现在讲的参展要在有所选择的情况下去进行，有所选择就是在准确数据支持背景下进行权衡。

当然，我们原来参展时也是有所选的，但一般都是冲着展会的名头，或者是地方有补贴等理由去的。而现在，我们所有的这种参展行为都是冲着客户去的，所以我们要在对客户进行分析后才可以决定去不去。

我们在第一章里已经介绍了如何整理客户情况，针对现有的客户情况，我们的优势和弱势一目了然。那么下阶段要去参加哪个展就要看我们是要巩固原有优势，还是要攻克薄弱环节。经过这样确认后再参加展览起码能达到我们的最初目的，而不是为了参展而去参展。至于参展需要做的工作在后续的实战篇里我将详细展开，并阐述整个流程。

除了这些，近几年其实还有个更流行的方法，那就是直接购买来自各个国家的海关数据。这也是这一节里需要重点介绍的一个方法。

目前网络上卖数据的地方很多，所以我们完全可以选择这个途径去获取客户资源。这些数据都来源于各国海关网站，虽然并不是每个国家的数据都能买到，但近年来数据来源国日益增多（数据准确，但贩卖数据的公司只能按海关格式发给使用单位，属于毛坯数据）。

这些数据基本都是从出口仓单上直接截取的，保证了数据的准确性和有效性。但不同国家海关截取的信息并不统一，有的只有 HS 编码，有的没有进口商名字。在购买时应尽量查看仔细，免得买回来一堆没有用的信息，或者可以要求调用卖家的系统，看信息是否全面好用。

一般情况下，我们会用国际通用的 HS 编码去筛选客户，用这样的方法可以过滤掉不对口的客户。

等过滤后的名单到手，我们可以根据已知的出口货物名称和手上现有的客户名单去检查这些数据是否真的有效。

一旦确认有效，我们就可以按国家地区、商品关键词去找真正的买家，最后整理出来的数据名单就是我们未来市场开拓的方向。

买到合适的数据后，我们算是走出了数据分析的第一步。接下去的工作是逐条分析，看哪些客户可能有机会合作。逐条分析就是先去看客户最近的进出口情况、进口品名、出口商情况和进口频率等内容。

逐条分析需要花很多时间，而且做这个工作的必须是行业里的资深人士，他们可以从这些简单的数据里发掘到更多的市场情况。比方说产品升级换代方面的内容，客户的采购习惯，同行情况等等，从而对开拓新市场和新产品有更明确的想法和计划。这么做最大的好处，就是省下很多市场调查费用和开拓费用。

数据搜索页面如下：

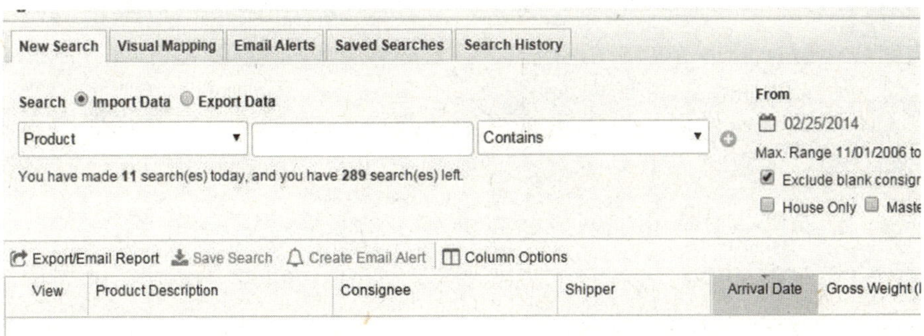

☞ 3. 新模式带来的效应

按照新模式的各项布置，已经给企业打造出有效的开拓方法，但是这种方法不具备短平快的效果，要立竿见影估计有些困难。上述方法说起来好像轻描淡写，其实实施起来需要很多的前期投入和不断试错的过程，人力物力比起传统模式来是投入不多，但钱还是要花的，而且属于长期投入，中间过程比较漫长。具体的效应体现在以下几个方面：

（1）我们在进行上述动作的时候是从本年度或者是近几年发展规划的角度去管理我们的网站、B2B 平台、参展规划、数据购买的方向，集中企业的人力物力去强攻某个市场、某个行业。这样做的好处就是信息高度集中和精确，在开拓的过程中能减少中间环节和各种因为陌生、信息不对称造成的障碍。另外也是把有限的资金用在刀口上，更有利于培养出敢打敢拼的优秀团队。资源集中的好处就是我们找到客户的机会大大增加，卖给他们商品的可能性也大大增加。

（2）内外联动推动本企业的产品或产业的升级换代。在信息不对称的时代企业容易沉浸在自己昔日的成绩中，忘记市场上已经风起云涌，稍不留意，自己就可能被淘汰出局。而经过对优势产品的整理，我们才能真正做到对自家的产品心中有数，容易给自己的客户定位，在面对市场和客户时更有把握，对今后的发展方向也有了一定的判断。不要觉得这么说有点玄，其实长时间地对这种数据进行过滤和分析，对市场的敏感度会比其他同业者好上几倍。这是从实际经验中积累得到的，比如分析了很多海关数据后，加上统计过滤手段，你就非常清楚哪些地区有真正的客户，而哪些季节是哪些产品的销售旺季，我们如果要去开拓某一个地区的市场，什么是我们最好的切入口。特别是去新兴市场中发展时，这些资料可以让企业做好预案，少走很多弯路。同时，市场会倒逼你去改进产品质量，升级设备和产能。因为在评估和分析中，你会发现如果产品不更新换代就会失去客户和市场，这样企业就不得不去调整，去完成技术革新。毕竟企业要生存，产品有销路才是硬道理。

（3）最后一个效应当然是客户群。经过这样的优胜劣汰，我们留下的客户群就不会参差不齐，生产出的产品也不会五花八门。我们精简客户队伍，不是放弃市场，而是为了做好市场，服务好客户。因为我们把最好的资源用在了效益最大化的客户群体上，这些客户才是我们的未来。而正是有这样的安排，这样的培育，我们的客户和产品才会在行业里建立口碑，而我们自己也会在行业里慢慢成为不可取代的供应商，最终赢得更大的市场份额。到了一定阶段，我们说不定还能同时带动行业的整体进步。对我们来说，行业的共同进步才是我们巩固市场的最大后盾。

三、学会信息搜集和整理

☞ 1. 信息搜集的方法

我们一旦确定了主攻方向，就有必要对手里的信息进行集中处理。

不管是从海关截取的信息，还是来自其他渠道的，都只是浅表层次的信息，在真正开拓客户时还需要更多的资料来补充。

我们一般采取以下的工作来补充信息：

（1）按照目标市场海关数据，梳理数据里的信息，按出口商、出口品名来排序。首先当然是找那些符合我们商品销售要求的潜在客户，然后按图索骥找到国内在出口同质、同类产品的供应商，反过来去看这些供货商的出口数据，这叫逆向查询，交叉证明。目的是更加确认这个市场、这些客户、这些商品是我们未来的目标。

（2）同时根据海关记录评估和客户在交易的供应商情况（供应商的分布、出口频率、出口时间、商品类别等）进行比较，看我们有哪些优势、哪些劣势，以便接下来在开拓类似市场的过程中扬长避短，出奇制胜。

（3）再回头去看客户的网站，详细收集客户的经营情况、经营范围、分支机构、业内口碑等信息，借此评估客户的行业地位和发展前途。

（4）根据海关进口数据来整理同一地区客户的采购偏好和进口频

率，看看里面是否有共同的规律。

经过这样一轮的信息收集，客户的基本情况我们已经掌握得七七八八了，甚至有些方面比客户自身都了解。

在确认客户信息的过程中，我们会用到几个求证联系人的网站，比如http：//www. manta. com和http：//www. dateconnect. com，有时候实在没有其他渠道也可以登录linkedIn和facebook等社交网站去看看我们的目标公司和目标人群是否在上面。这些方法有利于我们获知联系人的背景资料，便于在跟进过程中找到跟客户熟悉起来的方法。这种方式在实际工作中发挥了很大的作用，比如说，我们看到某个客户的工作经历后，知道他熟悉国内的供应商，那么就可以开门见山地介绍我们的产品，因为他了解国内的情况。如果我们看到的资料显示某个客户一直是在技术岗位上的，那么他更看重的是我们的技术力量，需要提供样品和图纸，让他觉得我们在这方面做得很专业。事实上，技术岗位的客户比销售、采购岗位的客户更容易拿下，因为他们看重的是产品本身，不像销售、采购岗位的可能会顾虑更多的商业因素。把了解到的信息叠加起来适当应用，将大大有利于后期跟进的邮件话题和电话话题的拓展。

☞ 2. 搜集后的整理及意义

信息收集的过程是动态、零碎分散的。因为过程琐碎，而且为了防止信息不全面影响我们的判断，最终影响决策，所以我们需要把客户信息汇总后归纳出需要了解的。

我们把整理过程中的数据过滤称为试错，只有经过不断试错的过程，才能得到真正需要的准确信息。

举个普通的例子，比如客户的邮件地址、电话等基本信息，网上或其他地方找到的未必准确，或者登记的号码其实已经失效。因此在整理信息的过程中需要安排人工去过滤和确认这些信息，另外遇到信息变更时还需要及时纠正补充。

整理的信息基本上分为以下几个方面内容：

（1）客户的基本信息（具体内容参考前面的客户管理表格）。

（2）客户来源。

（3）客户的主营产品。

（4）从海关数据得出的采购偏好和采购规律。

（5）主要的供应商。

（6）分支机构情况。

给每个客户建立一份档案，这是搭建企业数据库的第一步，算是本企业的基础数据，这些数据可以定期更新，适时变动。任何时候都能根据企业的实际需要，选择关键词调用信息。

信息收集的最终目的是扩大业务渠道，而整理的意义就是为这项工作服务，保证信息的准确通畅、合理存档、精确使用。

四、信息整理成文档后的管理

文档信息如果不用便捷的工具管理起来，就是一堆数字，需要的时候还没办法拿出来用，所以动态地管理数据是用好数据的关键环节。

☞ 1. 介绍各种文档管理

如果还用传统的纸质归档方式，显然会让日常工作陷入如山的案牍之中。互联网的优越之处就是为人们提供了各种更为便利的工具来处理昔日繁重的收集整理工作。

下面是各种方法的介绍。

(1) 最简单的方法就是利用常用的 Office 软件里的 Excel 来管理，对于数字文档，这个软件能进行计算、排序、筛选，对于数据的统计和各项分析来说非常便利，但这个文档管理软件在数据多起来的时候就不那么便利了，这样的管理方式显然跟不上我们的发展要求，所以我们要学会利用互联网里的新工具。

(2) 近年来流行用 CRM 系统（即客户关系系统）管理客户，这一系统可以把商家与客户的来往都记录在案，而且可以随时统计整理与客户交易的进展、订单和收款情况，而且可以事先制定各种指标，在具体页面体现完成情况，同时能作为业务部成员汇报的工具，这样便于主管对整个团队的日常工作进行管理。

以下列举的是可以在 CRM 上做的分析：

客户概况分析（Profiling）包括客户的层次、风险、爱好、习惯等；

客户忠诚度分析（Persistency）指客户对某个产品或商业机构的信用程度、持久性、变动情况等；

客户利润分析（Profitability）指不同客户所消费的产品的边缘利润、总利润额、净利润等；

客户性能分析（Performance）指不同客户所消费的产品按种类、渠道、销售地点等指标划分的销售额；

客户未来分析（Prospecting）包括客户数量、类别等情况的未来发展趋势、争取客户的手段等；

客户产品分析（Product）包括产品设计、关联性、供应链等；

客户促销分析（Promotion）包括广告、宣传等促销活动的管理。

使用 CRM 的具体作用主要为以下几点：

①传递优秀经验，规范企业流程。

通过 CRM 系统，可以把企业优秀销售人员管理客户的流程整理出来，通过系统来优化到系统流程中，从而使得每个销售人员都能够掌握最好的销售流程。

②提升销售、项目管理能力和成交率。

通过 CRM 系统，可以给企业销售管理流程设定关键管理点，促使销售管理者能够及时提供相关支持，帮助销售人员更好地管理销售流程，提高客户满意度和销售成交率。

③减少培训工作。

CRM 系统规范了企业销售管理所有相关的流程，新的员工或者岗位调动的员工只要按照系统的流程来做就可以很快熟悉新的岗位和职责，从而降低了企业培训的人力物力，加快了员工上岗的速度。

④防止和减少出错。

由于CRM系统详细地规定了符合企业特色的流程，并对关键点进行控制，因此可以有效地防止和减少企业人员犯错。比如，很多销售人员常犯的错误就是内部成本还没有核算就给客户报价，易导致公司项目出现情况。通过CRM系统可以设定内部成本没有核算，就无法进行报价的流程，从而防止出错。

⑤为企业自身积累客户经验。

通过使用CRM系统，可以记录公司所有人员与客户接触以及所有交易往来的情况，从而可以系统地把客户的相关信息记录到系统中去，这样只要公司授权的人员进入系统，就可以全面了解客户的喜好和客户的过去，从而及时管控整个业务的走向。

⑥抓住更多的生意机会。

通过CRM系统，可以帮助企业分析客户等级，将有限的资源用到重要的客户身上，挖掘二次营销或大订单的机会。通过CRM系统的数据分析，还可以帮助企业找到客户的关注点和购买习惯，改善我们的服务内容，提升客户满意度捕获得到新订单的商机。

（3）OA系统（Office Automation System 办公室自动化），同样是网页版的管理工具，它的覆盖面可以涉及整个公司内部的各个环节，可以管理个人的工作进度，也可以把大客户当作一个项目去执行，关联这个项目的各个环节，按照计划的执行点和截止时间推进交易的节奏。因为是以笔记形式体现进度，被关联的个体都可以上去更新动态，所以主管能及时把控业务的节奏，而且整个团队的工作是公示在同一个笔记里的，避免了消息不对称和部门之间交流不通畅的情况。另外这个工具还可以上传文档和图纸，这样做的好处在于以网络为基础、以工作流为中心，提供了文档管理、电子邮件、目录服务、群组协同等基础支持，实现了公文流转、流程审批、会议管理、制度管理等众多实用的功能，极大地方便了员工工作、规范了组织管理、提高了运营效率。

（4）整个业务的供应链管理则可以选择 ERP 系统（Enterprise Resource Planning 企业资源计划），这样从询价、成单、交货到收款都能记录在案，便于后期的统计和数据分析。ERP 的优点主要体现在以下方面：缩短周转的时间；物流与资金流的集成；加强物料和生产计划；模拟不同市场状况对生产计划、能力需求计划、物料采购计划和储运等工作的影响；增强企业对经营环境改变的快速反应能力；实现管理层对信息的实时和在线查询；为企业决策提供更加准确、及时的财务报告；及时提供各种管理报告、分析数据；系统本身具有严格的内部控制功能。ERP 管理软件最早出现在企业管理中，也是目前被广泛应用的一个工具。因为出现得早，整个系统的环节设计更适合日常工作。

（5）云计算，云储存一直是被传得很玄乎的东西，直到这两年在现实应用中大家才发现了这种方法的高端和方便之处。现在有关云储存这块又有了新的工具：云协作，顾名思义，就是在云数据上的团队合作。

这是一款基于资料管理和沟通的团队协作工具，可以与个人笔记无缝链接，团队成员可以对同篇文档进行共同编辑，让更多人协作成为现实，而且能实现移动、平常客户端全覆盖。虽然前面的 OA、CRM 也能够做到，但在协同工作上云协作有不可替代的优点。因为云协作属于团队共享的一个线上资料库，图片、文档、程序、文件夹完全可以不受限制地上传，以便大家共享，这是其他几种方法都无法做到的，而且云端备份安全可靠、永不丢失。在这个平台上能够实现有效沟通，协作简单高效，并且有迹可循，所有变动一目了然。

☞ 2. 各种文档管理的优缺点

刚才介绍了目前市场上比较成熟的几种管理工具，接下来分析它们的优缺点：

（1）Excel文档。

只适用于公司还在起步阶段，信息相对单一集中的情况，或者是部门里要对某些信息进行整理和汇总时。优点是简单易操作，易统计，不用去专门购买软件。另外还可以随时通过邮件和其他工具传送。

缺点是数据过大时不能灵活使用，而且不能承载过多的信息。另外因为易于传送，文档容易被篡改、被覆盖，造成信息丢失。

（2）CRM。

可以针对客户建立页面，在页面里可以登记客户开拓的过程，订单细目，整个软件里可以设定销售目标，定期汇总交易额、未收汇情况，以及其他相关信息。另外，因为有日报、周报统计等环节的设计，可以成为部门管理软件。

缺点：①属于付费软件，有使用人员的限制。②目前的版本比较适合国内贸易，对国际贸易而言很多环节无法提供支持。③提供的信息还是过于简单。

（3）OA。

属于企业内部管理软件，可以把整个供应链通过笔记关联，从而达到管理的目的。因为是针对某个贸易事件或者是某个客户开立的笔记，所以与客户的交易情况基本都得到了很全面的记录。笔记中可以设定时间点来推进整个项目的节奏，还可以在人员变动时变更管辖范围。

缺点：①有开源或非开源软件，非开源软件需要付费。②需要后台管理员的支持。③不支持某些文档和图片上传，对上传文档的大小有限制。

（4）ERP。

属于较早被推广的管理软件，在应用中也得到了很好的口碑，比较适合合同的全程管理，能够把公司的所有部门都关联到这个软件上，而且相对来说问世较早，软件的设计较为贴近日常工作，推广应用方面也最为广泛。

缺点：①如果市面上没有可以拿来现用的版本，需要量身定做。②在商品归类和最后生成文档方面做不到 Word、Excel 这样的灵活。③有些环节设计跟实际工作脱节。

（5）云协作。

目前看来除了对要操作的工具有一定的要求，电脑版本过低没法应用外，真的还没有发现其他的问题，在实际应用中是非常高效的，特别是针对具体项目的时候，每个关联部门的工作状态都能得到真实反映，谁都不能拖后腿。而且如果具体事件有时间节点，后台会非常靠谱地用邮件催促相关人员，提醒他们跟上节奏，这样一来部门协作中互相推诿的情况会得到遏制。在信息时代，多利用各种高效的工具将让我们的工作效率得到更大的提升，从而减少中间环节的各种扯皮、损耗带来的时间和金钱上的浪费。

企业在选用以上软件时，完全可以根据自身情况来选择，比如整体管理上我们选了 ERP，那么业务管理上我们可以选 OA，也可以选 CRM，然后用 Excel 做补充。而对于重大项目，首选工具应该是云协作。

五、适度的营销手段

前面说了那么多内部管理的办法，那么我们要不要像内贸或者电商那样做广告宣传自己呢？如果是传统的外贸，基本不需要这个安排，只要能参展或者有平台基本上就已经是最完善的手段了。但显然这样的方法已经不能应付当下的形势，我们要走出去宣传自己，让客户看到我们的长处和优势。

☞ 1. 数据时代的营销方法

Marketing 这个词一直以来都很热，但我们往往会把它跟 Sales 混为一谈，在传统贸易里其实我们并不会强调这个词所要承担的工作，基本上我们在销售环节里就包含了这系列的动作。但在目前的形式下，我们需要对 Marketing 和 Sales 进行区别对待。

除了在传统模式下直接联系客户推荐产品，我们需要进行匹配的营销手段（也就是 Marketing 的工作）来促进交易和开发市场。

第一，我们要在目标地区考察是否有合适的行业期刊。有些国家的行业有成熟的行业协会及杂志，为了让当地的潜在客户认识我们，同时展现我们的实力，表达我们融入本地行业的心愿，我们就要有所选择地在这些行业杂志里露面。时机成熟后再加入行业协会，成为其中的一员。前期行业杂志的推荐会比我们自己在客户面前进行的介绍灵光百倍，大家会奇怪，为什么数据时代了还要去考虑行业杂志？其实很多行业都属于传统范畴，行业里的人比较能够接受这种平面媒体的介绍，况且现在的期刊都有网站和电子期刊，这实际上已经比之前的纸质时代进步很多，信息传播的广度和维度都不可同日而语。

第二，目标地区的 B2B 平台。目前互联网推荐是整个世界的潮流，所以我们除了在常规的协会和期刊上做宣传外，也不能放弃国外的 B2B 平台。国外的很多平台都非常专业，有的甚至做到细分市场，这样数据精准的平台有助于我们能被目标地区的中间商和用户发现与了解，直接或者间接地带来客户和询单。所以与其在国内跟同质商品竞争那么几个询盘，还不如直接去客户地盘的 B2B 平台开立窗口，吸引更优质的客户。

第三，选择合适的关键词上搜索引擎。这里指的不单单是前面提到的去国内的搜索引擎上发布热词，还要用不同语言去不同国家的搜索引擎上发布热词，规避因为语言问题引起的信息不畅通。毕竟目标地区很多并不适用一种语言，消费习惯和商品用词都有地区特色。选择客户熟悉的语言和搜索引擎发布关键词会让客户更为快捷地找到我们。

第四，用好 EDM（Email Direct Marketing 电子营销）和 DM（Direct Mail 直邮广告），配合公司的营销行动。EDM 和 DM 是目前电子商务常用的促销手段，我们也可以借鉴。EDM 因为是电子格式，操作起来较为简便，费用相对也低廉，可以根据日常营销工作的重点，配合前面收集的客户资源来做针对性的发放，可以购买邮箱专用工具或外包邮件发送公司来将宣传信息直接发送到客户邮箱，也可以用 EFAX（Internet Fax Service）的方法将信息发到客户的传真机上（考虑到有些客户很传统，不太会去看邮箱）。

我们一般会请设计师在一定的时间范围里为产品设计几个固定的版式用于 EDM 营销，这样可以节省为了营销需要消耗的设计时间，更节省营销带来的多项设计费用。而 EDM 的内容可以根据实际需要实时变动更新，方便灵活。DM 因为属于纸质品需直接送达客户所在地，类似于邮递广告，费用相对来说较高，但在传统行业里却是非常重要的推荐手段。因为费用相对高（涉及设计、印刷、包装、邮寄、投递)，所以我们会选择重要的促销时间和项目，同时挑选针对性强的客户即特定目标群体进行邮寄，目前能提供这些服务的海外服务商不少，他们可以先帮我们过滤邮寄名单，看这些地址是否正确有效，另外有的服务商还可以提供邮寄实时跟踪的服务，便于后期整理这项营销的成功率和转化率，为以后的 DM 营销建立基础数据。当然服务项目越多，成本越高，反过来要求我们提供的名单也要更为准确。

以上手段不拘目的，只要配合特定计划和具体时间安排，结合销售员本身的努力，就能在销售工作中发挥很大的作用。

☞ 2. 日常业务操作中的用法

一般情况下，寻找合适的 B2B 平台和行业期刊是进入特定市场和特定行业后首先要做的，而且随着你对行业和市场的日益了解，平台和期刊可能还会有变化，有些高端的行业杂志并不是我们投钱它就会接纳的，所以还需要时间和自身努力，树立一定的企业形象后也许能进入更好的圈子。当专业化和本地化都达到一定程度时，还可以考虑申请加入当地的行业协会，从供应商转为同行，角色转换后，得到的信息和支持将被放大数倍，而且被认可和信任的概率会大增。这些工作说起来容易，做起来还真不容易。首先我们对目标市场的了解肯定是肤浅的，要找到这些匹配的工具还真需要逐家地了解，有的时候还需要逐家拜访，毕竟这涉及资金投入，小心驶得万年船。这样的比较和权衡也要用数据作为支持，网络上很容易找到这些杂志的具体情况，包括行业里的地位、口碑和订阅情况，便于决定哪个才是适合我们的，同时我们也承担得起费用。

展会、DM、EDM每年定销售目标的时候可以一起来计划。考虑到成本、所需时间，DM肯定是企业有重大的销售活动时才会视机推出，比如说参展前、年度促销或者新的分支机构开业、进行产品升级换代的宣传时，因此一般需要确认年度计划，以便后续的工作安排，跟进。

EDM相对来说成本低，内容安排也快捷，企业可以灵活安排。而且可以是公司集体安排，也可以是分部门行动，主要看每次做EDM的出发点和用途。可以是针对某个行业的客户的集中推销，某个地区的客户推销，也可以是新客户开发等等。

日常工作中根据企业的实际情况，可以多种方法搭配使用，只要达到预期目标就是最好的营销手段。

六、学会取舍

☞1. 人力物力的精益化管理

精益化管理（Lean Management）的概念来自于日本企业，它能够通过提高顾客满意度、降低成本、提高质量、加快流程速度和改善资本投入，使股东价值实现最大化。精益管理由最初的在生产系统的管理实践中获得成功，逐步延伸到企业的各项管理业务，也由最初的具体业务管理方法上升为战略管理理念。我们在这里借用这个理论是想把前面对资源的利用转变成一种成本管理模式。

日常工作里，我们常常会对信息表现出贪婪的一面，总觉得什么都需要，什么都重要，主要表现为在多个 B2B 平台开账号，参加任何一个知道的展会，但从来都不对这些策略的效果做评估，每年纠结的只是投入了多少钱，却很少去合计到底挣了多少，利润率又怎样。

现在又有了购买数据的渠道，这些数据基本上是排山倒海地扑过来。信息这么多，我们只能有选择地获取和使用，因为我们的人力物力有限，一口吃不成胖子。况且有些客户现阶段我们未必接得过来，贸然跟进往往得不偿失。

这就是为什么我要在本篇的最后提到日常工作中需要学会取舍，舍得舍得，有舍才有得。每个阶段只能做每个阶段可以做的事，冒进和拖沓都不是好的选择。

虽然说起来容易，执行起来却相当纠结。我们首先得想想到底要把公司带向何方？这真是个终极命题，我们会高大和世俗兼而有之地想：做个有钱赚，又能提升产业升级的行业先锋。这是很伟大的梦想，那么在选择舍弃时要从公司发展的大方向来评估，要清楚我们的中长期和短期目标分别是什么。如果我们中长期的目标是针对欧美市场的，那么这两年我们的发展主攻方向就要确定是欧洲的发达国家市场，所有的资源包含平台和展会都要以这个目标为根据，所有的营销手段也都要往这个目标冲刺。这样的选择可能暂时会让一些已经取得成绩的市场因为后期资源跟不上而稍稍停滞，但对于公司的大局来说只有把有限的资源集中到一个地方才有机会得到更多，分散作战往往会让整个企业疲于奔命。

如果摊子铺得太开，一个是资金情况不允许你有太多的营销手段，另一个是人员也不可能顾得上所有方面。战线太多，往往很多项目都只是浅尝辄止，没法更深地挖掘，很多的项目最后真的只是看着美好，而没有利润新增长。所谓多大的头戴多大的帽，世间的事都是要量力而行，循序渐进，积蓄力量后不怕没有机会。

所以必须狠下决心保证重点项目、重点交易，配合公司主力方向的人力物力，真正意义上实现人力物力的精益化管理。

☞ 2. 资源利用的效益最大化

说到效益最大化必然要提到成本管理和成本控制。其实，常规的成本里除了实际过程中产生的各项成本，还有两个成本是我们决定某项决策时需要考虑的：一个是前期投入的沉没成本（Sunk Cost），另一个是实行这个动作时的机会成本（Opportunity Cost）。我们在考量一件事是否值得做的时候，这两个成本必须经过核算，这样得出的效益才是真实可信的，是真实反映企业经营状况的数据。比如，我们在选择 B2B 平台的时候，前期的调查和拜访就是沉没成本，因为不管你选择还是不选择正在调查的那一家，费用已经产生。那么在选择 A 平台还是 B 平台的时候，除了上这些平台本身需要花费的成本，还要比较它们各自带来的效益。争取花小钱办大事，这个当然非常不容易，那么我们就拿数据说话，每个环节、每个细目都拿出来比对。如果最终我们选择了 A 放弃了 B，那么 B 未来可能产生的收益就是机会成本，最后的效益结果必然需要把这个成本计入总账，因为我们需要确认资源是不是花在应该花的地方。

在管理中，除了引进先进的现代化供应链管理外，还要善于利用信息时代的优秀工具，真正合理地使用资源，将资源效益最大化作为企业永远追求的目标。

第二篇

实战演练

通过前面的整理和规划，市场开拓和客户跟进策略基本就按照传统方法结合互联网思维的步骤去循序渐进地整合资源，以达到资源利用的最佳化状态，同时也实现企业的发展目标。但贸易归根到底还是需要人去推动，不然资源再多也是烂在锅里。按理说市场经济发展到今天，有关销售的宝典早已是满天飞，有关伟大销售员的传记和电影更是如数家珍。而事实上销售能力仍然是我们现实工作中最难培养的技术，经验需要在实践中不断锤炼，天生就有这种能力的销售员应该不到万分之一。

在日常工作中，我们面试时也经常会问应试销售员的新人，你为什么要做销售？得到的答案基本千篇一律，总在下面这个说法里打转：这个行业比较锻炼人，我想来锻炼自己。那么作为一个外贸销售员该具备的技能有哪些呢？这个答案就五花八门了。有点工作经验的还能回答出几点，说需要认真，需要耐心，但很少有能真正说到点子上去的，没工作经验的基本就说不出个所以然来。在入职后的培训里，我们依旧会反复提出这两个问题，关于第一个问题的答案，对，这个行业是比较锻炼人，甚至可以说很折磨人。但在这个岗位上锻炼一年抵得过在其他工作岗位干好几年。从大方面上来说，这个行业竞争激烈，非常挑战人的意志。从实际情况来说还是因为这个行业的门槛相对不是那么高，容易入职。另外更多的人是冲着销售收入来的。我们不讳言做得好的销售员收入确实高，但也不掩饰这个行业的高竞争性和工作强度。对于如何做好一个外贸业务员，当然是见仁见智的，我们在这里说得再多也仅是一家之言，但基本上商业的本质都是相通的，不论是内贸还是外贸。

我们在入职后培训的第一课中会强调一个业务员需要具备的技能，一个当然是产品知识，另一个则是语言能力。然而能把这两点融会贯通，真正成为一个好的外贸业务员，还是要有优秀的沟通能力。形容一个好的销售员时，会说他能察言观色。业务员在工作中确实必须具备这个能力，否则很难在这个行业里有所成就。在本篇里我们会在介绍业务拓展节奏的同时，也介绍一些在实际工作中能够利用的新手段、新工具，机动灵活地举出相应的例子，以显示有这些工具和能力对工作的好处。

接下来讲的是我们日常工作中迫切需要掌握的技能和管理方法。

一、如何利用数据写突出自身优势的邮件和打跟进客户的电话

☞ 1. 目前行业里开发邮件的现状

参加过展览会留过个人信息的外贸人士一般在展会后都会收到几封开发信，然后你会发现有些国内同行写的信还真是让人不忍卒读，所以我们会一删了之，根本不会去仔细研究。我们还曾经收到过几封从海峡对岸发来的开发信，不仅图文并茂，用词和逻辑关系也比我们这里写的正常很多。两方比较后，如果换了我们自己是客户，会更乐意看哪种信件呢？答案不言而喻。

现在的很多年轻外贸业务员，有的是国贸专业毕业的，有的则完全是从其他专业跨行过来的。国贸专业的好歹还学过一点函电，其他专业的根本没有受过这样的训练。随着电子通信的日益发展，这代人连中文信件估计都没写过几封，却要匆匆上马被迫用不熟练的外语来写一份企图叩开异国客户大门的邮件。日常工作中我发现最奇葩的是国贸专业的学生们写邮件的词汇永远都脱不开几十年前编订的函电书上的词汇。也不想想语言每年都在更新，句子永远都在变化，为什么不多去学学外面的新语言呢？说到新语言，新业务员会告诉我们他们有在看美剧呀，学到了很多新鲜词汇。这些没有问题，问题是我们写的是商业信函，需要

的是规范、礼貌、有内容。有时候打开公司邮箱去查看业务部的邮件，我会被那些写得千奇百怪的邮件弄得哭笑不得。

在远隔重洋的情况下，你凭什么打动人家，就靠你写的这几个自己人都看不过眼的句子吗？在还没面对面交流过的情况下，信件将是你留给客户的第一印象，邮件写得是否规范，是否有让人看下去的欲望成了我们入职后最重要的培训内容。

☞ 2. 培训内容

这个培训需要进行一段时间，主要分成以下几个主题：

版式和语言的培训

虽然大学里都学过英文信函的版式，但还是有很多人忽视了学过的知识，除了字体，段落要求方面也比较随意。而语言这方面更是要不就简单到没话讲，短短几句匆匆结尾，要不就通篇都用复杂句子，挤满了从句，各种拗口，各种糊里糊涂。

按照商业信函的要求，我们要用最传统的版式。而开发信一般内容要控制在三个段落里面，在电脑预览时刚好一个屏幕，俗称“一屏”。这样，开发信被打开的瞬间容易抓住对方的眼球，吸引人阅读下去。过短过长都不提倡，过短是在浪费机会，过长则是在浪费客户的耐心。

而我们的日常邮件经常会把所有内容都堆砌在一个段落里，让人不忍卒看。比如下面这段：

Hello Dear,

Glad to hear that you are on the market for ××× for furniture. We would like to introduce our ×××, hope that we may build business cooperation in the future. We specialize in this fields for over 25 years with good quality and competitive price. Our main produces are ×××，×××，etc. We owning a warehouse based in Los Angeles，this can greatly shorten the delivery time and give the best service to you. Should you have any questions or sample requests，pls do not hesitate to contact me. I will reply you ASAP.

上面这封邮件乍看挺不错的，但其实有很多问题。

一个是在称呼和问候方面有不好的习惯，我们再三强调要按传统的信函来写，因为收件人都是传统行业的，并不是我们在影视剧里看到的男女主角。

如果有以下几个习惯一定要改过来：

第一个就是称呼随便，一上来就直呼其名，搞个自来熟。这种称呼只有经过一段时间的联系，大家熟悉起来后才可以这样。不然就是不尊重对方，人说礼多人不怪，商业信函里就要体现这个道理。

第二个就是称呼过分拘谨。明明已经知道对方的名字，还在 Dear Sir，这样人家要打开邮件看下去的兴趣就少了几分。

第三个是乱问候。学当下影视剧里的俚语，比方：What's up? What's going on 等等。这些是口语，用在邮件里也属于在搞自来熟，收件人会觉得莫名其妙，心里会想：我们有这么熟吗?

第四个就是套话太多，完全照搬课本。我们的邮件是针对某个具体的人来写的，有些套话是不必要的。再说客户们每天要收到多少开发信，如果都是这种套话，肯定不会有兴趣看下去。如果想在这样的邮件海洋里脱颖而出，要避免套话过多，只有写出自己的特点才有可能被客户记住。

另一个是语言方面，我们一再提出要简洁明了。因为英语或其他外语不是我们的母语，绝大多数人还没法运用到跟收件人一样收放自如的程度。我们经常听在海外生活的华人提到运用语言的 Local 化对于交流来说非常重要，但语言离不开日常交流应用，我们不在英语地区，是达不到这种 Local 状态的。既然还没有这个能力，就应该避开雷区。我们可以写得简洁，但一定要意思明确，保证不误事。

另外，外贸沟通的常用语言基本是英语，但我们的收件人大多数也是非英语国家，那么你如果写了一封不是很通顺且比较复杂的邮件，客户估计会被你绕晕过去。

综上所述，最保险的办法就是用最简单的语言把我们的来意写得清清楚楚，保证达到我们的发邮件目的。

为什么要求使用三段式呢？一来是为了版面的疏朗大方；二来是有个起承转合，方便客户阅读。第一段一般是表明身份，第二段说明写信的理由，第三段再强调来意。这样一来版面清晰，内容有条理，客户容易被吸引，当然会看下去。

这其实也是商业信函的基本准则，不光针对英文邮件。

* * *

内容培训

首先要言之有物，这是核心。上面的例子存在的第二个问题就是内容没重点。

开发信一般的格式是：第一段介绍自己是怎么知道对方的。第二段介绍自己公司的特点或优势。第三段一般就是讲明希望合作。信件内容不管怎么组织，都离不开这三点。

第一段和第三段相对简单，一般来说这两段都不会写得太出格，最多就是写得比较复杂或套话太多，这些可以通过多练习来尽量避免。

下面要着重来谈第二段的写法。这个段落里既要写出我们的特色及优势，又要强调为什么我们可以来找收件人，因为我们有这个能力和资格。上面的这份邮件里我们看不到它在哪里突出了公司的优势，虽然提了一下自己的公司在美国西岸有仓库，但客户是否能用到这个仓库，还要具体分析。假设用得到，就应该向他推荐该仓库。如果用不到，就没有必要提及。

所以在决定写这些以前，我们要运用前面一篇学到的分析，把我们的客户的情况先了解清楚，知道这个客户的属性是什么。我们对客户的定位一般有三种：①大进口商；②中间商和分销商；③OEM 客户。按照不同客户的定位要分析出他们对供应商的要求。

大进口商，一般对于市场情况了然于胸，肯定有稳定的供应商，我们要去分一杯羹难度很大。如果要引起对方的注意，就要强调自己在价格上、交货期上有竞争优势，同时在非标产品上有技术支持。通常在供应商稳定的情况下，能进入他们视野的只有非标准商品类订单以及交期紧迫的订单。只要有缺口被打开，我们的机会就来了。对付这样的客户就是一个词：耐心。

中间商和分销商，他们面对的是国内的销售渠道，这样的市场状况要求他们采购的类别要多，数量不等，价格同样需要竞争力。能满足他们的需求的供应商其实不多，工贸一体的公司才有这个能力，但他们会很关注我们在市场上的供应能力。比如我们有仓库之类的他们就会很警惕，因为担心我们日后成为他们的竞争对手。所以前期跟进的时候除了强调我们的行业经验和供应能力外，其他的不要多说。

例如，之前就有业务员在开发信中提到其公司在客户市场中的最大一个客户，没想到收件人是这个客户的一个本地供应商，结果客户没开发到，商业机密却泄露出去了。收件人非常客气地前来询问，如果他们能在那个客户的价格基础上再下调 20%，他会考虑合作。这样的提议其实就是在告诉业务员，如果想合作，那就低价供应，否则免谈。

所以在合作初期不要轻易透露我方的商业机密，对于分销商这样的客户，在建立起最基本的信任后，在价格合适的情况下还是比较容易突破的。同时，这样的客户也是我们在市场上最应该争取的客户群体。因为他们的市场广、品类丰富，但数量不会特别大，也就意味着价格上的竞争不会特别激烈，他们更看重的还是质量和后续的服务。所以我们竞争的优势是如何保证能接各种数量的订单，并且要保证准时交货。

OEM 客户，一般来说只有新项目开始的时候，他们才有可能找新供应商。当前经济背景下，削减成本是每个企业的头等大事，所以近几年来国外大公司都纷纷来华寻求更质优价廉的产品。他们最关心的依旧是供应商的技术团队能力，价格并不是他们最关注的点，不管怎么样，我们的产品价格肯定比国外同类产品低，所以我们的开发信里要强调配套的技术能力，可以列举之前成功的 OEM 实例，以获得客户的信任。面对这种客户要准备好前期跟进的各种工作，特别是配合技术支持这个重头戏。

这里还要提下标题的设计。网上有关于容易被过滤词汇的汇总表，应该是部分企业互联网营销手段提高后总结出来的心得。我们可以对照着看下，避免日后的邮件标题出现同样的词汇。这里讲几个容易被过滤的、尽量不要出现的词语：cheap，low price。这样的词汇很容易被对方的服务器拦截，因为它往往是推销信标题中最常见的。

* * *

按跟进目的来进行内容安排

写开发信的目的自然是谋求合作，那么就要在邮件里说明我们的能力，但这些优势和能力不可能都塞在一封邮件里，也不可能写上两封邮件就能讲完。况且前面讲过客户每天要收到无数开发信，而打开的极少，因而不能妄想一封邮件就能定乾坤。

而且按照销售协会的统计，一般要被拒绝五次以上才可能有机会成功。所以今天我们要在这里讲个用七封邮件来跟进的案例，这是我们一个同行自己琢磨出来的方法，凭借这个方法，他手里有了四五个稳定的客户。

Sample：一般第一封邮件是开发信。

Dear Kevin,

Glad to write you!

I got your info from Trade2CN. com.

This is Jeremy from China ABC Co. We're professional in manufacturing × × × for more than 20 years. And have rich experiences for providing parts in your line of business. So we has some important customer in your country. We hope you will became our next important customer.

Wanna know about us, pls kindly visit www. abc. com.

Pls contact me if further questions. Thank you!

Best regards,

Jeremy

这封邮件就是严格按照 3 段式的写法，把发邮件的目的写得清清楚楚。其实这份邮件被打开阅读的概率并不高，但对我们接下来的邮件和电话来说却是个话题的开始。

第二封邮件就会发电子样本供对方参考。

Hi Kevin,

Here enclosed our product E－catalog for your view, should you have any questions, that'll be appreciated!

Thanks and best regards,

Jeremy

仔细研究过对方的经营范围后就可以发送样本，发送之前可以在电话里征得对方同意或者可以在电话里试探对方的意图，只要对方不反感就可以采用这个行动，当然你的附件不能过大，不然会影响对方的查阅。那么过大的文档应该怎么处理。我们会在 DROPBOX 上开账号上传，然后发链接给客户，让他直接上去查看就可以了。这也算利用互联网新兴工具的一个例子。

第三封邮件就会针对具体的产品进行报价：

Hi Kevin,

Good morning!

Now I'd like to recommend you 3 kinds of our latest HOT－SELLING×××.

Pls find the offering with details as below.

×××	×××	×××
MOQ：2500 PCS	MOQ：3000 PCS	MOQ：2500 PCS
Unit price：USD 0.30	Unit price：USD 1.12	Unit price：USD 0.88

Quality Grade：Standard

Grease content：25%～35%

Radial Clearance：C0

Packaging：Industrial packing or according to your requirement

Term of price：FOB Ningbo/Shanghai

Term of payment：L/C at sight or T/T in advance

Order lead time：30～40 days

Price valid time：30 days

Should you have any interest, pls do not hesitate to contact me. Thanks.

Kind regards,

Jeremy

这些产品推荐不是盲目随意的，而是要通过前期的接触和对客户海关数据的收集分析，加上同一地区的采购偏好，交叉汇总后有目的地推荐，目的是希望通过我们对对方市场的了解和价格优势吸引客户的注意力。

第四封邮件一般是提供生产车间的现场照片，除了生产线的展示、检测设备的现场外，还要展现我们工厂的面貌。

Dear Kevin,

Attached some of our factory photos for your reference, hope you'll like it.

If they were available from us, I'll be glad to help you with it.

Thanks and looking forward to your reply!

Best regards,

Jeremy

这封邮件的目的是让客户对我们企业的情况有进一步的了解，加深对我们的印象，配合此前的报价，让客户觉得我们是值得合作的潜在供应商。工厂车间是我们的另一张重要的名片，客户通过照片看到我们的车间、设备，也等同于检阅了我们的实力，这样的资料会激发客户的兴趣。

第五封邮件就会建议客户来索样。

Dear Kevin,

Good morning!

In order to let you know our product quality, we plan to send some sample to you. Pls let us know your idea.

Best regards,

Jeremy

第六封和第七封基本就是在讨论寄什么样品，费用怎么来计算了。之所以会有建议样品的事，是因为产品比我们自己夸自己的品质来得更有力量。只不过我们需要做些小的投入，但带来的收益肯定是好的。

以上的七封邮件只是举个例子来说明跟进是个细水长流的工作，需要时间和耐心，不可能一蹴而就，需要有计划、有步骤、有内容、有行动。一旦目标确定就要坚韧不拔地往这个方向走，不达目的不放弃，这才是一个好销售员应该具备的素质。

在实际工作中大家可以根据各自的实际情况来制定邮件的跟进节奏。做到有目的地前进。只要记住在推进邮件的规划上，一定要做到 PUSH 和 PULL 两者相辅相成，不能只是为了发邮件而发邮件。同时，我们所做的一切都是主动营销，推动客户向着我们乐意看到的方向前进。一般情况下，我们会要求写第一封邮件时，就要想好下一封怎么写，做到一个 Step 接着一个 Step，保持跟进的热情。

* * *

按客户属性来写开发信

这个在前面第二点内容里其实已经提到了一些，也就是要根据客户定位来写开发信。这里再具体展开讲各自的侧重点。

我们根据客户的主要分类模拟一下客户的背景，然后来讨论怎么写开发信。

A 客户，在中国采购超过十年，对市场有丰富的经验。开发信里当然是要介绍我们在这个行业超过 × × 年，有经验丰富的团队，在配合上有成功的案例。与此同时，要介绍几个在对方市场上最畅销的类别，点明我们是真的了解市场。

Sample:

Dear Susan,

My name is Jack, from China ABC Co.

We know your import × × × from China before many years.

We have been serving food machine industry, agriculture machinery industry and other markets for years in your country.

Our facilities can do × × ×, × × ×, × × × etc. As we all know, these belong popular size in your area.

We also have good source for × × ×. × × × can supply the good raw material in our business.

ABC has own factory so it can guarantee the consistent quality.

We can send samples for evaluation if you have interest.

Your response will be appreciated.

Best regards,

Jack

这份邮件里强调了我们的资历、配套经验，以及我们优秀的材料资源，同时表明愿意提供样品测试。这样的介绍跟普通的群发邮件相比会显得更有针对性。

B 客户，分销商。我们了解到他需求的品类繁多，从海关数据来看，他目前的供应商多为贸易公司。我们要跟这些公司竞争的话，在价格和技术配合上有足够的能力。那么，开发信里就要强调我们的品类足够丰富，而且因为我们是工贸一体，所以在价格、交期和技术配合上都有优势。如果可以，选择对方重点采购的品类中的具体型号推荐报价。

Sample：

Dear Bob，

Wishing you have a wonderful day！

It's me Jack，here I want to introduce you our main products "×××".

We carry nearly all types（ID from 2mm to 150mm）of ×××，×××，×××，with excellent quality and competitive price.

The bellow quotation is based on the latest most popular types matched in US market.

I want to try now if they are suitable for your market.

Item No.	Quantity	Price/PCS	Delivery
×××	20，000	USD 0.16	45 days
×××	2，000	USD 0.19	40 days
×××	200，000	USD 0.48	40 days
××××	100，000	USD 0.23	60 days
××××	50，000	USD 0.35	40 days
×××	30，000	USD 0.34	40 days
×××	200，000	USD 1.09	60 days
×××	10，000	USD 0.32	45 days

Quality grade：Standard

Grease：CHEVRON SRI－2

Packaging：Industrial packing

Marking：Neutral

Term of price：FOB Ningbo/Shanghai

Term of payment：T/T or L/C at sight

Besides，attached some of our factory photos for your view.

Should you have any questions, pls keep me informed.

Thanks and best regards,

Jack

分销商一旦发现你推荐的产品都是他熟悉的型号，而价格却比他目前采购的更有优势，必然被吸引，哪怕他目前有稳定的合作伙伴，在下次采购季、遇到需要急货或遇到非标的时候也会考虑你，因为你已经在邮件里显示出自己是很有竞争力的潜在供应商。

C 客户，OEM 客户。这样的客户最看重的就是技术能力，所以我们的突破口不在采购人员，而是工程师，开发信里要体现这个特质，要显得非常有配套经验，最好能举个对方市场上的公司的配套实例。

Sample:

Dear Marc,

We are very happy to know you are seek new supplier for your new product. As per your design, we think our product capacity is very suitable for your request.

In your area, we have succeed experience, for DIY co. pls check it.

Pls direct contact us if you need more details about our experience.

Best regards,

Jack

这封信从头至尾都在强调我们有类似的配套经验，选择说明以往经验时要小心选择客户名称，最好能选择行业里前几位的客户，这样既有说服力，又不会造成市场冲突。

开发信中除了列举优势特色外，其实还要增加客户回复邮件的兴趣，这个最为困难。我们的建议是，在给客户写信希望他有所反馈时尽量给出多项选择题，而不是单选题。最需要避免的：答案是对或者错的这种选择项，因为人家根本不用回复。

举例：你希望客户提供他日常最常规采购的型号，如果你直接要求，一般没有人会回复你。但如果你换种方式，告诉客户我们目前这个市场在销售的热销型号是以下几种，一般订单量是多少。如果客户还有其他的型号的要求，可以告诉我们。以这样的方式询问，很多客户都愿意回复，因为我们推荐的产品里有他们熟悉的东西，他们自然会关注，并且愿意从我们这里得到更多的信息。如果只是问他们是否经营这些型号，他们一般不会答复你，哪怕在电话里问这个问题。因为你没有给客户需要的东西，他们没有义务反馈给你有用的信息。这一阶段是要拼命输送我们的信息给客户，让他们尽快对我们熟悉起来，从而建立信任感，最终达成交易。不同于传统贸易中的等客上门的是我们要利用互联网数据和新兴的网络工具主动营销，把我们的产品和企业一起推向市场，让客户知道有我们这样一家值得合作的企业。

☞ 3. 开发信后的跟进电话

最后，也是最重要的一点：开发信写完后不是结束，而是开始。这节的大标题里提到了跟进电话和写开发信是同等重要的。

据了解，传统行业里一般很少会打电话，一个是时差的原因，另外一个是觉得邮件更能说清楚问题，最主要的还是对自己的语言能力不够信任。早些年，有的客户来访会带着自己的翻译来，就是担心沟通不畅，影响合作。所以大家往往是在迫不得已的情况下才会给客户打电话，在电话里也不会交流很多，一般三言两语就打发了。除非语言能力出众，才有可能会多聊几句。

那么前面提到的那句不是结束，而是开始又要怎么理解呢？大家不要觉得这句话不合逻辑，在销售上，开发信仅仅是个起点，而且被打开的机会少之又少，所以如果石沉大海其实是毫不出奇的。很多客户提到过每天要收到无数的推销信，一般情况下都是直接删掉。如果标题醒目，可能会打开来随便看上一眼。如果对方还是持续地写邮件给他，结果是一模一样的，可能永远都不会收到回复。我们写开发信的目的是吸引客户，开发信只是个敲门砖，而我们最关心的是后续进展。所以不能由着这封信石沉大海，一定要跟踪到底。

这也是前面介绍七封跟进邮件实例的原因。我们要循序渐进，要有条不紊，不让客户觉得反感地跟进，做到润物细无声，在不知不觉中让客户熟悉我们，了解我们，从而把我们列入供应商名单。

我们在日常工作中要求，第一封邮件的次日必须打电话给客户，主要是确认对方是否收到邮件，如果你不进行跟踪，也许邮件早在废件箱或黑名单里，或者一上班就被客户删掉了，客户压根没收到或有机会阅读到。所以这个电话必须打，除了确认邮箱是否有效，同时也是为了给客户留下印象。写信的人成千上万，但有勇气打电话的还是凤毛麟角。打电话时不要担心自己的语言，因为你并不会在电话里跟客户讨论重大事件，只是问候，顺带介绍自己，所以客户在电话里给你的时间不会太久。如果还是信心不足，这里有个好方法：在给重要客户打电话前，可以在网上随便先找两个客户，打去电话壮壮胆，同时练习下口语。

电话结束后，第二封邮件要跟进。这封邮件就要用拉近距离的写法了，要感谢对方与自己的交流，同时希望得到更多有关产品采购的信息。

如果没有打通也不要沮丧，邮件照写。要表达出很遗憾没有联系到对方的意思，请对方告知何时方便接电话，这样你就可以继续打电话和写邮件给对方了。

这里有个真实的例子跟大家分享。部门里有一个新入行不久的同事，老老实实地按照培训要求去跟进客户，不出一个月，客户就有了反馈。他自己总结之所以能这么快有消息，就是得益于一封不落地写邮件，电话跟进得非常及时到位，因此最终看到了希望。而另外一个入行一年多的同事，因为觉得自己有经验，开始时并没有按要求去落实，手头上有几个明显有希望的客户，却迟迟没有消息。到了后来，我们再三给他分析，他才觉得可以按要求试试，结果半个月后客户就说希望收到样品。部门里通过这次扎实的培训，后续的跟进情况进展非常顺利，再也没有人敢把客户晾在一边。

客户自己也在这个行业里，非常清楚销售员的不易，怎么才能打动他们？除了产品本身的优势，最主要的其实是从业人员的热情和坚持，有目的有计划，又用让人觉得可以接受的方法去跟进，最终一定会有好的回报。

除了开发期的邮件安排，我们还要在这里强调一下写日常邮件的要点。

建立交易关系后，邮件是我们主要的联系工具，日常的询报价，促销消息，出货安排，催款，发货通知等都要通过邮件传达给客户。具体范本如下：

促销邮件

Dear Sirs,

Good day!

This is Anne from ABC Co. certified ISO9001 in China. We have been specializing in manufacturing <u>×××, ×××, ××× etc.</u> since 1996.

Besides manufacture base in China, our <u>warehouse</u> has been set up <u>in HAMBURG</u> to better service customers. This can greatly shorten the delivery time. Coupled with high quality of products and competitive price, ABC is the best choice for your esteemed company. If any enquiry or sample requests, pls write me back or call me directly.

Hope to hear from you soon.

Thanks & regards.

Anna

Sales representative

报价反馈

Dear 客户名字,

Good day!

We have offer price to you for three days. Then, we haven't received any respond from you.

We hope you can reply to us about your idea asap.

Thanks & regards.

Anna

供样邮件

样品免费版本

Dear 客户名字,

Very glad to know you are interested in our products!

Re: 产品名称 samples

As for the sample, we can supply you in ____ days.

The sample is free for you, you only need to pay for the express charge USD and bank charge USD30. 00 (if your order is more than USD3000. 00, it is no bank charge).

If you have your own express account, pls inform us.

So it is no need to pay the express charge and bank charge.

We also can send samples to your another Chinese supplier, if they can arrange to you.

It is no any charge.

If OK, pls inform me, I will make the samples contract (或者 P/I) to you asap.

Looking forward to your reply.

Best regards,

Anna

样品收费版本

Dear 客户名字,

Very glad to know you are interested in our products!

Re: 产品名称 samples

As for the sample, we can supply you in ____ days.

The sample charge is USD ____, and pls kindly also pay for the express charge USD ____ and bank charge USD30.00 (if your order is more than USD3000.00, it is no bank charge).

If you have your own express account, pls inform us.

We also can send samples to your another Chinese supplier, if they can arrange to you.

So it is no need to pay the express charge.

If OK, pls inform me, I will make the samples contact (或者 P/I) to you asap.

Looking forward to your reply.

Best regards,

Anna

催款邮件

30%预付，其余出货前付清

Dear 客户名字,

Hope everything goes well with you!

Your goods will be OK on ____.

Pls kindly pay for the balance USD ____ soon and send me the T/T copy after you arrange it.

We will arrange the shipment once we get the payment.

Thank you very much!

Best regards,

Anna

30%预付，其余见提单复件

Dear 客户名字,

Hope everything goes well with you!

The goods were shipped out on ____.

Pls check the B/L copy in the attachment.

And pls kindly pay for the balance USD ____ soon and send me the T/T copy after you arrange it.

We will send you all the original documents once we get the payment.

Thank you very much!

Best regards,

Anna

寄单据通知

Dear 客户名字,

Hope everything goes well with you!

The original B/L, packing list, invoice and 其他客户要求单据, we have sent to you by DHL/ FEDEX…

The tracing number is ______. Pls check.

If any problem, pls contact with me.

Best regards,

Anna

延期交货通知

Dear 客户名字,

I am very sorry to send you this e – mail!

Due to 延期交货原因, we can not supply you the goods in time.

The goods will be delayed ____ days, and we will delivery them to you on / before 日期.

We are very sorry for it.

Hope you can understand our situation and accept our new delivery time.

Best regards and sorry again,

Anna

装船通知

Dear 客户名字,

I am glad to inform you the goods of contract no. ______ will be shipped out on ____.

Pls check the shipping advice in the attachment.

If any problem, pls contact with me.

Best regards,

Anna

回复客户投诉

Dear 客户名字,

We are very sorry for the problem you mentioned.

Of course we will take charge of our responsibility and cooperate with you to solve the problems.

Now I list the problems details below:

1. …

2. …

…

Pls check and confirm.

Meanwhile, our engineer and me will check all the problems.

We will give you the reply in 2 days.

Sorry for the problems again.

Best regards,

Anna

这几份邮件显示的都是业务中的关键节点，当然可以酌情参考，但要具体情况具体分析，它们有几个共同的特点：

首先，简洁、开门见山、没有废话。

其次，语言用得规范、礼貌。

最后，结构合理、重点明确。

☞ 4. 总结邮件要点

为了让大家在写邮件时有据可依，最后总结一下写各种邮件都需要具备的要点：

（1）语气 Tone。

以下两个因素决定你的邮件该用何种语气：

①对方的身份（也就是你们的关系），目前对我们来说双方就是客户（Clients）和供应商的关系，那么我们的语气肯定要谦虚和礼貌一些。

②我们在沟通的这件事的性质，比如我们需要成为对方的供应商。

（2）内容 Content。

决定邮件里该写什么，不该写什么，以下三方面是核心：

①为什么写这封邮件？这个很关键，决定你整篇邮件的中心。

②你想让对方做什么？这是前一个问题引申出来的问题。

③对方为什么应该做？你得非常明确这点。如何吸引客户按我们的意愿来做？这个需要经验和技巧。

（3）结构 Structure。

①找出内容间的逻辑关系，最好每个段落都有中心句，方便客户理解。

②先想后写，这条必须做到。因为我们平常写邮件的机会很少，很多人会啰嗦半天都没有把正题写出来，所以必须打好腹稿，然后再去动笔。要谨慎一些的话可以先写一份中文的邮件，如果连中文邮件的思路都不对，那就先把思路理顺了再去写英文邮件。

③写完检查单词语法以及内容的逻辑关系。

别小看这些要求，对照你自己写的邮件，刚入行的人很少能完全对得上这些要素，特别是容易忽视最后一点。很多人匆匆忙忙地写邮件，信马由缰，想到哪就写到哪，最后也不去复核自己写的内容，就火急火燎地发送了出去。过后一看，这封信里错别字连篇，语句不通，前言不搭后语。客户收到后会感到莫名其妙，你的目的也就泡汤了。

下面分享一封客户回复我们销售员的邮件，上面表述了客户是如何看待我们的开发信的，并给出了几点建议，供大家参考：

Hello ××,

You are quite correct I am extremely busy every day and I would imagine so other business men. I have talked to other men in similar business to us and they also regard all the e – mails they receive everyday from suppliers around the world as a waste of time and annoying.

I'm not sure if I can help you but I have a few suggestions re e – mail marketing.

• If I send e – mails to new companies I would include a list of customers that you currently export to in various countries

• I would also include customer testimonials from your buyers. This are very powerful and give you credibility.

• Try to word your e – mail differently from all the other suppliers. They all look and sound the same so most of them will be deleted or ignored immediately.

If you want to be noticed and if you want your e – mail to be read you must be different and create an e – mail that is interesting and will catch the attention of your prospective customer. If you don't then you will be rejected just like all the others. Remember that companies like us and others who import product are very concerned about quality control of products.

Unfortunately China has gained a reputation as a supplier of cheap but poor quality products. Price is always important but it is not the most important part of a product.

Regards,

×××

读完这封邮件让人觉得不是很舒服，但这些是非常宝贵的建议，真正反映了收件人的心态。我们只有了解了收件人的心态才能写出能打动人的邮件，否则就是为写而写，没有多大意义。同时，我们还建议大家在发信之前，自己或者请同事看下邮件，把自己当作收件人，检查语气、用词，以及要表达的中心思想是否都到位了，思考收到这封信后对方会有什么想法和反馈，而这样的反馈我们又该如何去跟进处理等等。日常工作中我们提倡写一封信的同时要对下面一封信有所预估，这样你写的信就能在前后保持一种内在的逻辑联系，让客户感受到你工作时的细致和严谨。如果坚持这样做，你写邮件的能力和沟通的能力就会得到很大的提高。

另外，在这里还要强调，除了写邮件的能力之外的几点：

（1）如何避免自己发出的邮件被误判为垃圾邮件。

下面是一些常用的避免自己发出的邮件被误判为垃圾邮件的方法（此处仅针对使用公开邮件服务提供商平台发送邮件的情况，自建部署邮件服务器不在讨论之列），供大家参考：

①第一次发的邮件最好不要有图片和附件。一般情况下，这样的邮件容易被误判为垃圾邮件，会直接被挡在客户收件箱之外。如果你和客户建立了联系，客户后来回复了你的邮件，邮件系统查实你们之间有邮件来往，那么以后的邮件出现图片和附件就不会被拒。

②信中最好不要有URL。邮件中含有链接的话，也是很容易被拦截的，因为邮件系统会认为其具有潜在威胁性。如果是公司的网址最好是

取消链接，把前面的 Http 去掉，这样客户还是能够看到我们的网站。

③不要用太奇怪的字体，最好用常规的字体。大家都知道用不同的字体，加上不同的颜色，可以吸引客户，但这和图片一样，再好看，如果连给客户打开的机会都没有，也是白费功夫。奇怪的字体会让系统认为你的邮件是广告邮件，所以开发信阶段用最普通，也就是规范的字体和版式最为安全。

④内容不要有 free 和 low price discount 等字样。这样是很吸引人，但这也是最容易被系统拦截的字眼。一般的介绍内容就行了，有时太敏感的文字，系统一样会拦截，这点在前面介绍标题时已经提到过。

⑤标题是最关键的。另类的标题可以吸引人，不过也是很危险的，加大了被拦截的可能性。所以建议用朴实、正式一些的标题。如果标题和内容不一致，客户看到，会很反感的。但也要避免直接出现介绍产品之类的字眼，这样也容易被删掉。

⑥一定要有针对性地一对一发邮件，不要一封邮件群发给多个收件人。群发邮件的拦截率超高，而且也不太尊重客户。要向那些和自己产品相关的客户发邮件，要持之以恒地发开发信，积累客户资源。这点很重要，群发邮件在开发信阶段出现简直就是最低级的错误，没有人会重视这样的邮件。

⑦邮件要有合理的排版，不能太凌乱。就像上面介绍的，一屏三段式最佳。

⑧如果有企业邮箱就最好，没有的话，可以考虑付费邮箱，最后再考虑国外的免费邮箱 Gmail。经测试 Gmail 成为垃圾邮件的概率相对较低。但目前 Gmail 在国内已经不容易使用，不再建议使用，所以还是用付费邮箱最合适。

（2）垃圾邮件是令人头痛的问题，因此大部分的邮件服务器都设置了垃圾邮件过滤功能。如果一个服务器大量发送邮件，轻则邮件会被分类为垃圾邮件，重则发件人会被列入黑名单。那么当我们需要大量发送邮件时，该如何避免这个问题呢？

首先参考上面的写的注意点。

邮件系统是通过规则来屏蔽邮件的，在了解系统的基础规则之后，注意相应调整，提高邮件到达率就会简单很多。

过多的退信是造成邮箱被封的主要原因，在发送邮件之前一定要整理收件人邮箱地址，并不是说要一个个去看，可以通过软件快速过滤常见的无效邮箱格式。当养成一种习惯，积累一定经验的以后，过滤无效邮箱就会变得非常简单了。现在有一个网站可以帮助鉴别邮箱：mail tester. com.

另外，可以委托专业邮件投递服务商发送邮件。

参展前给客户发送展会邀请函、新产品上市推广、重点开发区域市场等需要投送大量邮件，手工发送邮件显然是不现实的，因此可以委托专业的邮件服务投递商，他们有国外邮件系统的白名单绿色通道，可以提供每日几十万封的投递业务，并相应提供邮件投递成功与否的记录，以便于追踪。

这些日常工作中的常用方法要懂得结合你自己的工作情况来进行采纳应用，更要懂得利用新出的工具和软件，改善我们邮件的命中率。

总结一句，邮件要有章法地写，同时还要利用电话实时跟进，这样才能保证我们的跟进不脱节，客户不掉队。

二、什么时候寄样品

☞ 1. 寄样品的原则和实例

前面内容已经提到寄样品的要求，当与客户交流到一定程度时，寄样品的事很快就会提上日程。但不同的业务阶段、不同的时间点寄的样品是有区别的，一般我们会分为五种情况：

第一种：对方是个很值得跟进的客户，我们在联系过程中可以结合他的实际需求，在征得对方的同意后，主动寄样品给他。

第二种：联系到一定程度后，客户主动索样。

第三种：与客户已经在谈具体的订单，客户希望确认样品后下单。

第四种：与客户已签好合同，约定交货前先要寄实样确认。

第五种：给某个客户发货时，捎带上我们最近在推广的新产品或者知道客户在经营但没有从我们这里采购的产品的实样。

大家在实际工作中可以对照这几个时间点见机行事，每种情况的侧重点不同，但主要流程是一致的。

下面要讲几个我们在真实工作中遇到的案例，算是对这个时间点安排的进一步阐释。

案例1 小王通过前期的资料收集联系上了一个分销商，对方一开始答复小王，他其实非常熟悉我国情况，并且已经有交易十多年的供应商，所以他不会轻易更换。小王虽然一直很客气地保持联系，但没有进一步的动作，这样的邮件、电话联系维持了大半年。直到小王的同事要去对方国家参展，当展会快结束时，小王让参展的同事帮忙直接寄了几个他自己猜测的这个客户一直在采购的样品给对方。半个月后客户就回复他，自己对样品质量很满意，希望得到更多的信息。于是日常询价就多了起来，最后发了一个季度的采购计划。经过几个回合的询价、回价，这个客户就这样成了他的贸易伙伴。

案例2 小李在行业杂志上找到了一个新客户，根据他的了解对方是行业内很有名的一个分销商。为了联系上这个客户，他花费了很多精力。小李特意在邮件里展示了他们公司在这个行业里的成绩，果然客户主动要求他寄样，当时考虑到客户比较有名，样品又是直接从客户所在国家寄出的，就没有向对方提费用的问题。客户收到样品后也反馈得非常及时。过了一周，客户发来一个询价，按照数量小李可以确认这是个试订单。但当他报价后，客户突然发来邮件说希望这次仍然免费，因为他需要在产品上打上自己的Logo。之前，小李考虑到客户的重要性，一直没有在价格里提模具费，可是客户居然提出免费，这样的客户基本就不用再考虑跟进了。在商言商，一般情况下客户都会主动提及运费和样品费，像这样的还真是少见。小李当时分析这个客户对中国的供应商应该非常了解，估计经常用这个方法来打新样品，但没想到这次遇到了很有原则的小李。其实人性都差不多，如果没有付出代价就得到的往往不会太重视。

所以有些公司开发阶段寄样时，会明文规定金额和样品数量，至于运费业务员会视客户的重要程度来决定收取与否。所以前面列举的邮件范本里有关样品费有两个不同的模板。

案例3 小王找到了一个世界知名的公司，大家你来我往交流得相当开心，然后就谈到寄样。小王很客气地说请客户自己决定要他寄什么型号的样品。大公司还真是实在，说运费之类的他们会承担，但这个样品必须是高等级的，然后就发来邮件告知具体的型号和质量要求。小王把样品申请单一报到部门主管那里，就被喊停了。原因是这个型号的单价已经过千（人民币），另外客户的精度要求他们不见得能完全达到。这种情况下贸然寄样显然风险大于收益。主管找小王说明情况，并让他主动跟客户交流这个情况，以希望得到对方的谅解。当然样品是寄不成了，下面的联系也很难展开，但客户却觉得他们是很诚实的供应商，表示以后有合适的机会还是会找他们。

案例4 这个案例是发生在确认合同前的寄样，因为还没开工，小王就挑了库存样寄给客户，却疏忽了上面印有其他客户的品牌，造成客户对他留下恶劣的印象，为此花了很多时间去挽回形象。幸好这次只是有不同品牌的Logo，最怕的是发过去的Logo是客户的竞争对手的，那么下面的合同就不用谈了。

案例5 发货前确认样品最为重要。我们就碰到过这样的事情，发大货前寄了小样供客户确认，得到确认后就安排大货走海运。一般情况下不会出什么问题，毕竟前期跟进的时候大家都无比慎重，但那次就遇到了很大的问题。小样确认后，按照合同，我们开始发大货，因为是分批交付的订单，到客户发现问题的时候，我们已经发了近三批货。前面说到样品都确认过了，为什么还有这样的情况呢？在实际操作中，风险无处不在。毕竟寄样确认都是检查是否符合原设计和外观，没有人会去实地测试，又怎会料到这批货的材料会出问题。回头找原因的时候供应链上的人没一个想到是材料的成分出了偏差。

案例6 新客户给了个付费样品单，但我们知道其实他的主营产品是其他的产品，属于我们的优势项目，于是我们在发样品单上的产品时附上了这些优势产品。客户收到后，果然有很大的兴趣，加上我们的试单做得非常优秀，于是优势项目的询价机会也就到手了。

讲完了这些实例，我们来分析一下这些案例后蕴藏着的商业信号和经验。

第一个案例，看起来平平淡淡，其实小王抓住了参展的良机，又挑到了合适的样品。就因为前期有对客户充分地了解和分析，才能在寄样时一击命中。在开发阶段里寄样并不一定能带来实际的订单，常见的是询价，反复的询价，或者是收到样品后说很好，然后就没反应了，每当这个时候我们会考虑登门拜访，加强相互了解，建立信任关系。所以要在寄样后促成交易，其实很考验业务员的跟进能力和对客户真实需求的把握。

第二个案例我们在日常工作中经常会遇到，特别是有些被国内工厂宠坏了的客户，习惯在国内予取予求，不尊重供应商的劳动。对待这样的客户，我们一贯主张不能惯着，客户又不是只有他一个。况且商人本就是平等互利的关系，不要一味地倒贴。就算满足了这一次，也没法保证他以后就没有这样的要求了，与其日后更纠结还不如一开始就按原则办事。

第三个案例是告诉大家只做能力范围内的事，不要去争取做不到的事。其实每个刚入行的同事都有这样的经历，跟进一个客户很不容易，大家都不怎么情愿轻易放弃，总想着试下，也许就成了。但要明白一个道理，我们只能做自己能做好的事，硬去做做不到的事，最后的结果只会是劳民伤财。如果我们的企业成长到一定阶段，产品也发展到了一定阶段，那么在时机成熟时，我们还是可以回过头来去找这种高端的客户。

第四个案例涉及一家公司对样品的管理要求。看起来不起眼的小事，但在尊重商业秘密和知识产权的现代商业社会中，我们唯一能做的就是遵守这个规则。不要觉得寄样只不过为了让对方看下产品质量，其实从发货的那一刻起，这个样品就承载着我们公司的经营理念，体现着我们的管理风格。

第五个案例非常特殊，遇到的概率其实很低，但为什么要拿出来说，就是为了提醒大家，走到 99 步的时候并不算成功，到了 100 步才算圆满。像这种分分钟关系到千万金额的单子，需要全程监控，每批产品出来都要全检，保证万无一失。最近行业里流行的 PPAP 文件就要求供应商一定要全程管控，从原材料开始保证可追溯性。我们非常赞成这样的做法，这展现了对大家负责的态度。从源头保证产品质量的稳定可靠才是全程监控的基础和起点。

第六个案例是在说销售员要善于抓住每个机会来开拓客户。看似是件小事，其实却体现了我们在日常维护客户过程中对客户需求的细心探求，体现的是我们的服务优势，这个是我们在业务进行中最需要做的工作。

☞ 2. 样品管理办法

分析完案例，再来讲讲公司里对样品的管理方法。没有管理规则就无法在公司内部形成一种制度。

（1）要对所有寄出的样品进行建档，保证有据可查。我们除了要求有纸质档案外，还需要留样存档。纸质档案包括样品申请单、发货单、检验报告、样品照片等。留样存档则是指除了纸质档案外还需要留个与所发样品一样的样品封样，以便日后对照。

这样做的好处显而易见，国外客户样品测试有时候会等上半年一年才有反馈，如果没有建档存留，估计谁都想不起来当初寄了什么东西给人家。如果是这样的情况，搞不好还要寄一次样去确认，不但浪费时间金钱，而且也会让人感觉我们的管理混乱不规范，重要的订单怎么敢交到我们这里来呢？

（2）寄样品时要严格按照公司针对样品所公布的规章制度执行。

开发期的客户寄样，要先区别主动寄样和客户索样。哪类客户可以主动寄样，我们对客户的规模和性质有具体的要求。比如通过数据了解到这个客户是个大规模的进口商，这样的客户肯定在主动寄样行列中；又如，这个客户是行业里数一数二的分销商，我们肯定要投其所好，主动寄样。有关主动寄样，可以要求业务员必须在申请单上充分说明寄样理由，得到主管审批后才可以进行实质行动。在客户索样的情况下，一般公司会约定一个金额，多少金额下样品免费，但需要由客户承担运费，如果样品数量过多，超过了一定金额，那么除了运费，还需要客户承担一定的样品费用。这样做可以过滤一些到处讨免费样品的客户，同时也保证实际需要样品的客户能尽快收到我们的样品。

成交前后的寄样，要保证所寄样品和后续发出的货物的一致性，还要提议客户和自己公司一样留样存档，以便日后比对。这样做无非是为了降低发大货时的风险。这样的寄样还可能需要提供更详细的检查报告，生产过程文件等。

在寄样过程中，对于库存样品和重新打样有不同的要求。如果是库存样品，必须在检验报告里注明这批货的真实生产日期、批次，以便追溯。如果是重新打样，整个样品的图纸必须先得到客户确认，之后方可安排生产。以上样品出具检验报告的格式要按和订单一样的格式撰写。

用公司统一的包装袋和纸箱来封装。封装时要求包裹干净结实，经得起快递的磋磨。为了凸显公司形象，我们要在包装上印上公司的Logo，让客户看到样品的第一眼就能记住我们公司的名字，这点我还是向现在的电商学到的。

所寄样品在包装前还得检查是否与样品清单一致，样品包里需要包含质检报告、公司样本，以及业务员寄给客户的问候卡片等物品，当然还可以放其他的宣传资料及业务员觉得需要一起发的资料。公司要保证每一次寄样的形式都高度一致，在客户那里树立公司统一的品牌形象，也就是说我们每一次跟客户的互动都要让对方感觉我们的公司是个非常专业和有品牌追求的公司。

同时对于寄出的样品，要记得及时追问客户的反馈，特别是开发期的样品，以激发客户的采购欲望，这才是寄样的终极目标。对于样品在检测过程中出现的问题也不要过于紧张，具体问题具体分析，只要是我们能做的尽量去做到。我们曾经给一个客户提供过三次样品，时间跨度为两年，中间双方就样品发生的问题讨论过很多次，而且为了这个样品，我们还向客户买了一个最终的成品，即会应用到我们的产品的物品，目的就是为了更好地提供样品。

☞ 3．挑选样品的要点和流程

（1）寄样有按需寄样和自由选择寄样之分。那么按需寄样是不是会更容易操作呢？我们来看下具体的操作过程。

①收到客户有关提供样品的请求。我们收到信息后与自己的库存对比，看是否有现货储备，如果有，就进入挑选包装阶段，同时回复客户具体的交货时间；如果没有，我们就需要确认生产的时间，然后答复客户准确的交付时间。如果不是常规产品，就会涉及模具或其他的辅助费用，这个时候需要跟客户磋商费用如何分摊的事。一般情况下，客户会同意提前支付这些杂费，等以后数量增加后再返还。还有一种情况就是我们两家分摊这笔费用，极端的情况是由供货商一家承担费用，这种情况比较少见。等费用明确后，我们会出具图纸等文件请客户确认，然后

安排生产。这里还有个可能性是客户需要的具体型号我们没有库存，但有同一类别的不同尺寸的产品，这种情况下可以跟客户商量，看是否可以接受近以似型号来替代。如果不属于询价索样，一般客户都会同意，因为他只是想了解下我们的质量水平。

②按前面提到的流程交样。重大的订单还会涉及二次寄样，这是为了保障产品能符合需求，因此第一次是尺寸外观的检测，第二次是真正上机测试。这是机械行业里的情况，如果是服装和食品估计会出现多次交样的情况然后才转到订单环节。

③有的寄样发生在发货前。这个寄样是为了让客户按订单做最后一次确认，时间最急，面临的困难也最大。一旦确认不了，将会影响整批货物的交付。所以严格按照确认的合同来生产是保证不出现问题的基本条件。同时在寄样时，要完全按发大货的流程来执行。

（2）自由选样的操作流程。

①确认某个客户已经进入寄样阶段，然后从数据汇总里确认他目前的经营项目，以此来选择我们可以寄出的样品。

②同时结合客户所在地的其他客户的采购情况，两项交叉后得出客户能接受的样品清单。

③发给客户征求意见，有意向合作的客户会提出他的想法。如果客户没有异议就按我们整理的清单发送。

④同时还可以附上这些样品的现行价格，以供参考。

这些步骤的安排主要是为了保证我们的样品可以有的放矢，能让客户对我们的产品产生兴趣，对我们的质量有信心。

但寄样以后的跟踪非常重要，等同于我们前期时的邮件跟进，所以索要样品反馈要及时，要有策略，不要让客户觉得反感。一般情况下，客户会及时反馈自己对样品的意见，所以我们只要诚恳、耐心地与对方交流，便会得到我们需要的信息。

三、如何计划参展

☞ 1. 目前的参展情况

前面提到过营销的其中一个办法就是参加行业展会。那么，什么时间、什么地点的展会才适合我们去呢?

按照我们外贸的传统经验，首先考虑的必然是国内的展会。现在，国内展会除了国内相关部门主持的综合性展会外，还有各大行业协会自己举办的展会。对外贸易发展到现在，已经成为贸易中一个必不可少的行业，同样，展会经济也形成了一定的气候。

另外，国外知名的大展近年来也纷纷到我国举办展会，其中一个目标自然还是在中国开拓市场。另外，国外展览公司也想来瓜分我们国内的展会这块蛋糕。

近年来，国家给出了各种补贴，鼓励企业走出去参展，这么做的目的自然是觉得去海外市场找客户，比在国内找更直接、更方便，同时这也是在世界面前展现中国企业整体形象的好机会。

但随着互联网行业的日益发展，往日很难找到的资料现在轻敲键盘后片刻就能得到，寻找客户的需求会慢慢弱化，展会的重心会从找客户转变为更多地展示企业形象。在这里我们主要还是讲下企业应该如何去参展，包含寻求新客户和展示形象两方面。

一个企业刚开始参加展会，除了要让行业里的人知道有自己这个企业外，最主要的任务还是找客户，所以展会是否适合自己的产品至关重要。

每年年底就要开始筹划下个年度的参展安排，在筹划之前我们首先要回顾本年度的参展情况。

一般要对以下几个方面进行回顾：

（1）已参展样品是否合适？

（2）参展得来的客户是否是我们的目标客户？

（3）展会规模是否满意？

（4）展后客户联系情况是否满意？

（5）下次是否还需要参加？

以上问题的答案如果都是“是”，这个展会肯定可以接着去参加。

当然实际工作中不是简单地回答“是”就可以了，而是需要通过实际的数据和资料来让大家信服。对决策者来说，更为看重的肯定是客户的质量和后续联系的情况。如果名片拿了一堆回来，但后面联系上的没几个，那就不单单是展会是否合适的问题了，还要查一下后续的跟进流程是否真的得到执行。

☞ 2. 参展的流程

（1）除了回顾老展会，还要开拓新展会。这些展会可能是本年度里营销时发现的，也可能是客户介绍的，或者是在老展会里听别人提起的行业新展会。那么如何去甄别这些展会是否合适呢？

我们要做以下几点：

①整理所有收集到的行业展会信息，对照我们目前的市场发展计划，针对区域性来区分出重要、次重要、一般和不需要四个等级，判断展会

属于哪个等级主要依靠几个指标：规模、行业影响；举办年份；地区；跟自身产品的契合情况。

②根据整理出的重要、次重要展会所在的区域市场来对照公司的优势产品，看是否对应得上。

③找出需要去参展的地方的现有客户和潜在客户。

④从老客户处确认这个展会的影响力。

⑤最后确定具体的展会。

（2）展会一旦得到确定，接下来要做以下工作：

①从计划参展的展会官网下载历年参展商名录。

这个工作相对来说比较轻松，因为官网一般都有历年参展商名录，只不过一般只显示公司名称，并没有具体的情况，所以需要过滤。

②分析参展商情况。

分析参展商情况要分两步走：第一步是把非本行业的客户过滤掉，一般搜索客户名称就能发现对方是不是属于这个行业。假设你在服装行业，而客户页面显示的是印染企业，那肯定跟自己的行业没关系。第二步则是把已过滤的属于本行业的客户进行二次过滤。这次过滤的要求就比较高，工作比之前要细致很多。我们要先打开官网仔细找出潜在客户，觉得靠谱的数据就转入海关数据中查询，看对方是否真的是适合我们的客户。这个过程会进行得久一点，但得到的内容可以帮助我们决定参展的商品。

③根据对参展商的分析情况，有针对性地准备展品。

因为我们已经知道目标客户的情况，当然能规划出本次展会应该推出的商品。同时也要根据展会的情况，适当增加些潜在的商品。假设我们有兴趣进入某个行业，那么在参加某个行业展会的时候，就要考虑是不是要把行业里我们可以提供的商品作为一个系列介绍给客户，也许能提供系列产品的这个优势，将带给我们更多的客户。

④在展会前一个月出 DM 和 EDM，目标是该地区已有的客户和从参展商名录中发掘到的客户。

这个工作非常重要和必要，第一参展前需要邀请更多的目标客户来摊位互动，第二这也是为了对前期分析出来的客户做一次宣传，以便发掘出更多的客户。

⑤安排业务员给第四项中的客户打电话，邀请他们来摊位。

这个工作跟之前邮件跟进的要求差不多，主要是为了确定对方是否是我们的潜在客户，有没有可能在摊位上见上面。就算客户不来这次展会，但我们前期跟进得好，他可能也愿意了解我们的情况，进而有交易的机会。

这个阶段的工作非常烦琐，但却对整个参展过程来说至关重要。因为你可以从历年参展名录里发现商机，这样下年度的参展计划将日趋明朗，展会设计、展品筹备、展会礼物安排、参展人员安排，以及邀请谁来摊位等工作就可以有序地进行。

DM 和 EDM 就是配合我们参展所打的广告。一般 DM 和 EDM 上会说明我们去参加展会的时间、地点，同时也是希望收到这个宣传的客户有所回应，了解对方是否来展会，对我们的展会是否有要求。但这种回应是需要业务部一个一个去询问的。

（3）接下来要做的就是对参展的实际工作的安排和落实，需要做到几点：

①展会布置有计划、有执行、有记录。按照收集到的资料，结合摊位实际的面积和朝向来确定可行的摊位布置，尤其对于在国外参展的设计，要考虑到行业和市场的特点。最近流行的趋势是企业会专门设计去海外参展的大箱子，一打开就是展架和宣传页，这样的方法操作起来简单而且比较经济实惠。因为易运输、易携带，对于那种摊位不大的企业来说非常的合适。但对于需要树立企业形象或参加某些特定行业大展的

企业来说就不一定适合了。

②提前准备资料接待预约客户。如果有客户在展前就已经提出要来摊位拜访，需要提前把客户的资料和最近联系的情况整理成文档，交给参展的同事，做好接待准备。最好事先把已预约的客户情况告知参展的各位同事，这样不管谁在摊位上都能支应。

③提前准备应对客户。针对摊位上的拜访，要妥善安排合适的同事来招呼到摊位询问的客户。每个参展人员对于自己管理的产品要做到心中有数，对于客户可能提出的问题要做好预案。出发参展前，部门里要对参展同事做集体的培训，主要就是培训所带的产品知识和在摊位上与客户交流的要点。

④展会期间每晚总结当日接待情况。不要怕麻烦，这样做的好处就是不遗漏任何客户的需求，同时弄清楚本日发生的一些遗漏之处，并在第二天的接待中进行弥补。

⑤对展会期间可能会出现的询价和索样提前与配合的部门做好沟通。在展会期间，经常会碰到客户需要的样品并没有在摊位上，那么如何满足客户这些需求就变成比拼服务的一个风向标。在国内只要是常规产品基本上隔天就能拿给客户，而在海外，可能就需要些时间来跟国内人员沟通。有经验的业务员会在参展前跟配合部门做好沟通，以备不时之需。一旦有这样的情况发生，就会立即通知国内人员准备，然后及时寄给客户参考。

（4）参展结束后需要做更多的工作，以下列举了几个重要的节点：

①展会结束后先去拜访在展会上有明显交易意向的客户。这要考虑地域远近，优先考虑的自然是展会所在城市及周边城市的客户，这样既能及时拜访又不耽误接下去的工作。

②写邮件致谢所有来摊位的客户。不要小看这个工作，这不但是礼貌，同时也是一次重要的展示，作用不亚于之前的EDM和DM。如果时

间把握得好，客户就会对我们公司留下很深的印象，对后期的跟进工作有很大帮助。

③及时处理客户询价。如果参展期间有客户询价，要及时反馈。如果做不到及时，也要跟客户解释下情况，并告知最快反馈时间。

④回国后及时总结本次展会的得失。得失的界定参照本章节前面提到的如何评估展会。

⑤对展会目标客户指定跟进策略并执行。这个是参展回来后最重要的工作。一般情况下，我们会对所有收集到的客户信息做个整理，然后根据他们的需求来分类，再根据他们的规模来分等级。如此分析后，客户的跟进策略基本上就有眉目了。然后按照这些跟进策略，让业务员实时跟进，并且约定好跟进时间。

对客户进行跟进并不是一味地发邮件、打电话就好，要懂得取舍。

实际工作中，我们会要求在两个月里就要有明显的进展，这个明显的进展就是找到对方公司的接口人，在两个月内收到对方对我们产品的反馈，最直接的就是询盘。

收到客户资料的两周内要确认客户是不是真的需要这些产品，如果不是就无须再跟进，如果是就继续。如果两个月内没有明显进展，就要对这个客户进行定位。

A. 是大客户，是目标客户，那就定期跟进，保持联系。

B. 如果只是用户，该客户可以保留，但无须定期跟进。

C. 目前有稳定供应商，不考虑我们。这样的客户我们要采取主动营销，或者安排寄样，或者根据公司情况安排人员上门拜访等等。

这里讲的是一些工作中实际参展的常规做法，并不是所有的展会都需要这样。如果是一般的展会，我们是否也要考虑去参展呢？我们通常的做法是，这个展会如果是在国内，那就直接去参观，了解展会的真实情况，了解市场的变化。如果在国外，那就看这个展会的时间地点是否能配合我们后面要讲到的拜访客户的时间点，具体情况具体分析。若是觉得这个展会值得去看，就把拜访客户的时间安排在那个时间点，如果恰好重合，我们也可以在拜访客户的计划里加上观展的时间。若观展后觉得这个展很好，需要提供信息来支持这个结论，如果结论很符合我们对展会的评估要求，我们就可以在下年计划里提出是否要去参展，如果不符合要求，就不必安排参展了。

四、客户沟通到什么程度需要拜访

☞ 1. 常态拜访下的新计划

前面已经提到拜访客户的要求，关于什么时候去拜访其实有很多讲究。

在传统工作模式中，我们一般都是对已成交的大客户才有这种定期拜访的安排。按照目前信息高度流通的状态，只限于已成交的大客户的拜访模式远远满足不了我们对市场的需要。

并不是说已成交的大客户不需要去拜访，而是要在这个基础上再增加拜访的范围和频率。

下面就详细介绍一下各种市场情况下需要开展的客户拜访。

首先我们还是讲对已成交的客户的拜访。这里不用“大客户”这个词，是因为成交的客户里有成交量大的客户，也有虽然是大客户但成交量不大的。对于不同的客户，我们就要区别对待。

已成交的大客户：客户很大，成交量也大。定期拜访的最主要目的还是维护客户，把客户稳定下来，同时把前期交货过程中的一些问题捋清楚，争取不要影响正常的交易。去拜访的时候还可以打听下客户的经营情况和未来规划，看他的眼下和未来的经营情况是否可能出现风险，另外是否能参与到他未来的发展计划里去。

已成交的客户：有成交但成交量比预期的少。这有两种情况：一种是新成交的大客户，但前期发货不是很顺利，磕磕绊绊。比如说样品和实际发货有出入或者拖延交期等问题。去拜访的目的是解决前期发货出现的问题，使双方能对磨合期间出现的问题彼此谅解，还有就是希望未来客户能多给机会增加成交量。另一种是已经成交过，好像也挺顺利，但就是没机会接到大的订单的情况。这样的拜访就是带着加深相互了解的目的去的，同时也是去摸清为何没有接到大订单的原因。如果客户目前有稳定的供应商，我们只是排在替补的位置上，就只能一边慢慢熬，一边看能不能在其他非标准类产品上找机会参与。如果不是前一种情况，我们就要评估客户目前的经营情况，看看他仓库里的库存情况和办公室的人员分配以确定他目前的经营状况是否良好。一般情况下，如果对供货商满意，订单的数量和金额会逐年递增，除非客户近期库存饱和，或者经营现状不是很景气。

以上是传统行业里都会做的拜访，接下来讲讲互联网时代的新拜访模式。

一种是我们前面已经提过的展会后拜访。这种拜访的前提是在展会期间客户来摊位时双方谈得比较顺利，我们为了巩固前期成果，特意去客户那里拜访，顺带着看看客户真实的情况。这种拜访相对来说比较局限，只在参展城市周边，如果客户是行业里的知名公司，那么我们前期也许了解一些对方的情况，不然的话基本是从零开始，不过有了展会上的交流基础，上门拜访不太会被拒，见面之后确认后期合作的概率也比较大。这样做的好处是可以维持展会的后续热情，避免时间一久客户转头忘记了曾经有兴趣的项目。

讲另外一种拜访模式之前，我要在这里先讲几个故事：

第一个故事是，我们团队去某个国家的主要工业城市拜访时，无意中在当地黄页里看到一家行业里的知名大公司。当时行程比较空，因为临近圣诞，很多预先计划要见的客户都没能见到，大家都觉得这次来的时候不是太合适，然后想着在酒店黄页里翻找当地的知名企业，看看是不是有可能找到新客户。正好看到这家公司的地址就在附近，于是当天晚上团队里的同事就抱着试试看的心态给这家公司写了封邮件。邮件最后告知对方目前自己就在本地，询问近一两天是否可以上门拜访。结果隔天上午就收到欢迎来访的回复，大家觉得又意外又高兴。我们抱着诚惶诚恐的心情去见客户，对方却非常客气和礼貌，相谈愉快，而且最幸运的是对方刚好在找新供应商，我们就碰上了一次好机会。谁都没想到在这样的状态下认识的一个客户，隔年就成了我们在这个国家最大的客户。

第二个故事发生在已经联系上的客户中，就是我们做过分析，业务员有跟进，但只是不死不活地跟进的那种客户。虽然邮件有被阅读，电话也有人接，但是死活没进展。我们在前面分析客户时也讲到这种客户最让人郁闷，时间一久容易让业务员泄气。

这里要讲的客户就是处在这种阶段。刚好有出差到这个客户附近的机会，我们就抱着死马权当活马医的心态上门去拜访。刚进门时，我们之前联系的人不在，前台一看也没有预约，立马把我们拒了。出门去停车场的路上我们意外地碰到了对方的老板（因为看到他的车停在老板专用车位上），没想到他竟然上来问我们情况，我们当然不会放过机会，于是有了再次进入这家公司的机会。先前拒绝我们的员工见到我们跟着老板进来非常意外，但还是很礼貌地接待了我们。接着召开了会议，相互熟悉后，客户开始对我们的产品介绍有了兴趣，会议结束后，我们自我感觉这次来得有价值。而客户在送我们走的时候开玩笑说：“我们差点错过彼此。”还真让他说对了，如果不是这次拜访，我们估计也要冷藏这个客户了，而客户这边估计也不会有多大耐心理我们。这次见面后，因为相互有了一定的了解，毫无进展的局面马上被打破，接下来的询价和成交有了实质意义。

讲了这两个很有代表性的例子就是要说明这样的拜访分两个时间段：第一种拜访就是知道对方是我们行业里的目标客户，我们就要对对方有一定的了解分析，最好事先能有浅层次的接触，这样方便上门陌拜。如果一点都没联系过就上门还是比较冒险，容易被拒绝。外商对这点非常干脆，没什么人情可讲。所以上门陌拜没被拒还达成交易的话纯属意外，我们不能把这个当作常态。

第二种拜访我们称为：临门一脚的客户。就是说这种客户需要外力去推动，如果没有这个外力，与客户的关系就会停滞不前。一般这个时候上门拜访，客户都会觉得自己受到重视。不远万里地飞过去就为了找对方聊聊未来的合作，据我们所知目前这样做的公司还是很少的。在客户熟悉的地方讨论产品和未来合作的情况，相对来说比在摊位上、电话里和邮件里都来得真实自然，容易打动对方。所以我们比较提倡这种拜访，而且在实际工作中它的效果也是最好的。

介绍了这几种拜访模式后，大家完全可以根据自己的情况来交叉选用，哪种适合自己的情况就用哪种，并不是一定要照搬照抄，灵活应用才是贸易模式里最聪明的选择。

☞ 2 上门拜访的意义和拜访须知

（1）拜访的重要意义。

①可以面对面地介绍各自的情况，还可以引荐公司的重要人员给对方认识，在介绍的进程中可以讨论未来合作的可行性。见过面与没见过面其实有很大的区别，见过面后，不管是电话沟通，还是邮件沟通都会非常顺畅，有时候还可以稍微回忆下见面时的细节，拉近距离。

②我们可以在当地市场、当地业界进一步地了解市场情况和我们客

户的口碑与经营情况，甚至可以了解到对方公司那些高层的背景和为人。毕竟行业的圈子就这么大，稍微在一个地区多见几个客户，基本就能对圈子里的情况做到心中有数。有时候很多高层管理人员会在几家公司之间跳来跳去。

③我们远隔重洋地飞过去进行一次次地拜访，足以显示我们的实力和诚意，这会给客户带来信心和力量。这种行为的说服力比任何广告都强。

（2）拜访的过程中需要提前准备和执行的各项事宜。

①尽量预约，贸然拜访非常不礼貌，除非是迫不得已的陌拜。

②尽量遵守约定时间到访，提早或者迟到都会让人感到不愉快。提早的话就在客户公司门前稍微休整，如果预计要迟到，在路上就应该通知客户自己将晚到多长时间，这样才不会影响对方的工作安排。

③着装正式，如果公司有自己的制服最好，如果没有，尽量穿有公司 Logo 或其他信息的衣服，一起去面谈的同事要统一着装。穿公司制服、相同 Logo 或图案的衣服，会让人印象深刻，同时也是树立企业形象的机会。

④整理仪容仪表，女同事尽量化生活妆，男同事要剃须理发。不要带很多的饰物，尤其男同事，要给客户留下规范整洁的印象。因为我们是在进行一种商业活动，需要大方得体。

⑤需要现场介绍和讨论的资料、样品等物要事先装好，不要临场翻找，否则会非常狼狈，同时浪费时间。

⑥同去的同事要有一个是主要谈话者，因为人很多，再加上不熟悉语言，七嘴八舌的话会让人无法交流。有一个主讲的，其他的配合提供信息即可。同时安排一个同事做会见记录，以便会面后总结。

⑦逗留时间不宜过久，除非的确有许多事情需要讨论解决，不然会让人生厌，适得其反。

⑧如果客户招待大家喝咖啡和吃小食，应适量进食，不要贪多。

⑨一般情况下客户不会招待中餐，如果确实需要一起吃饭来增加友谊，会约在晚餐。这时候就需要提前熟悉西餐礼仪，免得窘迫，比如刀叉如何使用，如何看菜单，如何点单，如何买单等等，最好在国内进行一定的培训。另外就餐过程中切忌发出喝汤的声音和大口咀嚼的声音，这会让大家很尴尬，有的人在国内习惯了这样吃饭，但到了国外还是要克制住这种粗鲁的就餐方式，更加不要拼酒。餐桌上聊天时要选轻松的话题，不要大声喧哗，影响别人，而且要懂得先要攀谈的是自己两旁的客户，如果邻座是女士还要懂得帮人家拉椅子等就餐礼仪。

⑩会面结束时可以互赠礼物或拍照留念。带给客户的礼物最好选有我国特色的工艺品，要注意考虑客户的国家和宗教忌讳，以免适得其反。

⑪临走时要记得感谢对方公司的前台。感谢客户大家都不会忘记，但前台一定不能忽视，因为以后有很多时候你们打电话来需要通过他们，所以搞好关系非常重要。

⑫如果前去拜访遭拒不要生气，应该礼貌地留下名片然后告辞。同时适时跟进邮件，表达与客户没见上面的遗憾，也许这封邮件能把陌拜没达成的目的间接地达成，所以不能忽视这个工作。

以上各点供大家在实际工作中参考，每一次会见都是树立公司形象的好机会，大家要把握机会，给自己的产品和公司增加印象分。

这种拜访应该每年都有具体的行程计划、执行目的，并且是有针对性的，目的性极强的拜访，所以我们需要对每次的拜访做总结。

（3）拜访回来后的工作要及时跟进。

①拜访见面的具体总结。给每位客户的拜访情况都建立一个具体的文档，这样日后查询起来非常方便。

②参与拜访的业务员要及时把拜访情况向公司高层汇报，特别是在拜访中遇到的重点事项。另外需要向被拜访客户手下的业务员通报具体

情况，告知会面情况及后续跟进须知。最后还需要跟配合部门介绍此次拜访里得知的有关生产、发货环节的潜在问题。总之，整个供应链里的各个环节都应该通过在客户那里得到的反馈做一次好的沟通，好的方面继续保持，不好的方面积极改进。

③尽快处理在拜访见面中提到的产品问题或询价、样品之类的事务。

④要把拜访中达成的协议尽快用邮件形式与客户确认。

⑤把以上各项情况整理成最终文档存档备查。

五、如何接待客户来访

☞ 1. 常规拜访中如何有新意

这种相互拜访是日常的工作项目之一。如何在日常的工作中体现出与其他传统公司不同的地方，是将工作做得出彩的重点。

一般情况下，客户来访的频率不会很高，一年最多一次，有的甚至几年才来一次。有的是在建立正常贸易关系前来访，有的则是已经交易很久才觉得有必要来一趟，这种情况大多是客户想更稳固双方的关系。

不同目的的来访，接待的方式方法及侧重点还是有所不同的：

（1）建立业务关系前的拜访，双方还不是很熟悉，我们需要向对方展示我们的实力和合作意向。当然这种展示应该是柔性的，自然而然的。

鉴于传统贸易企业招待客户时的随性做法，我们认为要把这种习惯改过来，让整个接待过程更有效率和效果。

客户提出来访请求后，我们就要询问他来访的计划，先问他如何安排，一是为了表示对对方的重视，二是为了知道我们是否能满足对方此次来访要达到的目的。另外还要考虑客户来的时机是否合适。因为之前就我们碰到过客户要求春节期间来访，这个明显就很不合适，肯定是要跟客户解释更换时间的理由。如果对方只告诉我们来几天，并无明确的计划，那么我们要反过来安排行程，保证能把我们的实力充分展示出来，让这一次拜访成为彼此合作的新起点。

对于没有计划的客户我们尤其要帮忙定下大概的行程，不然对方随心所欲，我们会很难配合，甚至浪费时间。

这样的情况在几年之前尤其常见，接待工作做得很繁忙，客户来了也就随便看看工厂情况，然后讨论些交付合同的情况，离我们预期的目的还很远。

在确定时间和基本行程后，我们还要关心对方的住和行，最好还要留心来访人员的一些生活习惯，这样在后面的饮食和交流中就能避免出现尴尬。特别要提醒的是，在客户出发之前应该告知他本地最近的天气情况，以便客户出发前有所准备。

如果对方有计划，就要分析一下他的计划是否可行，我们自己是否能配合到位。如果没有问题，那就可以确认这个来访计划，如果有疑问，可以直接跟客户商量，告知哪些是我们无法配合的，同时告知对方我们的备用方案。这样的话就算没能按客户的计划执行，他也不至于太过失望。

客户直接联系的业务员为主要接待人员，因此来访的行程应基本由他来掌握和协调。其他配合部门根据他的通知来安排接待室、样品、出车、住宿等事宜。

同时，业务员也要尽快确认我方接待的人员人数、着装安排、前台欢迎标语等细节问题。比如说重大客户需要总经理级别出席第一天的接待会议，那么就需要提前跟总经理报备客户的情况和此行的意义。接待人员的着装按公司规定来执行，前台欢迎标语和接待室的小食安排需要提前告知行政部来安排，同时告知行政部同事有关来宾的一些食品禁忌。

如果要去机场接机，还需要做个接待牌子。同时根据客户抵埠时间来决定下机后是否需要安排餐饮。毕竟机场离公司还是有一定的距离，许多欧洲飞机到国内刚好是一大早，这样的情况下安排一顿温馨的早餐有利于客户恢复精神。

在回公司的路上，视客户的精神情况来决定是否要多聊聊以增进了解。如果客户一上车就急着询问行程，可以把预先准备好的计划表给他看，让他安心。如果客户上车后并没有提起，我们一般不主动说明，可以让他在车上休息一会，也可以稍微聊几句气候，我们这里的风景等。我们在工作中聊天时最好不要聊两个主题：宗教和政治。聊对方的家庭和爱好是最安全的话题，也可以增加双方的信任度。如果客户表现得很疲惫，那么稍微寒暄几句即可，让客户在正式会面前有休息的机会。

回到公司，介绍出席人员后要稍微聊下客户的行程，算是开场白，让会场气氛融洽。然后要及时切入正题，那种纯粹的闲聊天要放在吃饭和会议休息期间，这样会显得更专业，同时也更有效率。

会议期间遇到分歧时不要太过紧张，也不要急于扳回局势，而是要平静、理性地去解决。我们可以暂时搁置这个分歧，等到会谈最后再去理清分歧的细节，双方一条一条地讨论，相信这样的做法可以让分歧在一个双方都可以接受的办法中解决。

会议期间谈到的问题以及达成的意见必须有完整记录，如果可以，应该让客户当场确认，最晚也应该当天就把会议情况总结给客户，以确认会谈要点，避免日后有误解。

会议时间安排不能过长，要保证大家都保持清醒的头脑。

接待成交前的客户，会议的前半程应该安排公司的主要负责人介绍并演示本企业的优势。主要做法是演示介绍公司框架结构形象的 PPT 以及公司整个质量管控体系的 PPT，同时安排实地到访整个部门。PPT 应该做得简洁明了、突出重点，真正体现企业的品牌和文化。而实地到访更有讲究，如果公司对外宣传自己是 ISO 体系认证过的公司，那么肯定要符合这个说法。很多有 ISO 体系认证过的公司在日常工作中有点马马虎虎，并没有真正地将严谨的工作作风落实到每个岗位。所以要非常仔细地去核对自己是否符合体系要求，当然我们这里不是要大家去造假，而是希望你宣传的和你实际做的要一一对应，这样才能真正给客户留下好印象。这几年，客户除了强调 ISO 认证外，对工作环境和环保测评也日益重视起来，如果没有对以上两方面做认证的企业，只要认真对待生产环境的整洁和空间合理分配的掌控，也是能被客户认可的。实地探访中，客户提出需要抽查环节中的纸质文档时，要保证有据可查，货和单能对应上，并且保证有专人可以提供这些材料。另外要交代其他岗位上的同事不要大惊小怪，照常工作，遇到有客户来检查你的工作，要平静、自如地应对。

会议结束后要整理客户提出的一些对样品和对公司的一些纸质资料的要求，做到及时收集，及时提供。

安排餐饮时，要尊重客户的饮食习惯，不要过度好客，最后适得其反。来自其他国家的客户因为是商务活动，习惯商务餐，对我国丰富的餐饮并不是很热衷，因为太费时间。聊天时可以选些当地美食和客户所在国家的一些特色来聊。当然客户如果愿意跟我们聊些行业新闻和大家都熟悉的事件也是非常欢迎的事情。

送客户到酒店后，为了稳妥起见要送客户到房间，看看房间设施是否完备，然后再告别。毕竟对方人生地不熟，需要我们想得更仔细周到。

接待完毕后礼送客户到指定的地方，然后把这几天的会议内容做成文档，用电子文档的形式发给客户确认。

相对来说，这种接待比较容易，毕竟客户也只是带着来探查的目的，没有太多实质性的工作要谈。

（2）接下来重点谈下成交后的拜访。

成交后的拜访很多时候客户是有新项目要谈或者要来看新的产品，总之是带着很强烈的目的来的，所以我们在来访前就要弄清楚客户的意图。我们的常规做法是在客户来之前就在邮件里把详细的行程和客户确认好，这样便于之后的工作安排。

同时把交易以来的具体情况做成 PPT，把询价和成交情况做成表格，让客户看到询价后的成交率，见面时可以讨论成交率的情况，以推动日后的交易进展。重点还是目前在谈的项目，要着重在见面时讨论，比如样品测试面临哪些问题，如果之前有未处理完的质量等其他问题，见面时就要认真谈判如何处理，未来如何克服、避免。理清这些问题后再来跟客户谈这次他来访的重点事情。你们会奇怪为什么要这样去接待？这样做的好处首先是让客户觉得我们是一家非常正规并且有新思维的供应商。其次是让客户感到我们非常重视对方的工作。最后还是为了给接下去谈重要的项目做铺垫。这样算是重要会议前的热身，客户通过对双方过去的成交情况进行回顾后，对我们公司的感觉会更加清晰明确，谈重要项目时对我们的信赖度会提升。

因为事先有来访的行程安排，所以在讨论重大议题时要有一定的思路，不能偏离主题，为什么提这样一句话是因为很多客户其实不太会将流程和计划放在心里，但我们不可以这样，准备好的事情必须一件一件完成，不然对双方来说都是浪费。

来访结束后，要把这几天所进行的流程和会谈细节全部做成文档，一式两份，稍后寄给客户存档。这样做的意义是把来访当作彼此合作进程中的一件大事，推进合作的进度。文档作为一种历史文本在双方的合作过程中起到一种承前启后的作用。我们去拜访客户时，曾碰到一个客户很高兴地拿出文档来跟我们讲上次他到访我们公司时发生了哪些重要的事，现在我们已经做到了哪几件。这从另一方面证明这个文档做得非常值得，客户也从这件事上感受到我们与其他企业的不同，这也是我们在实际工作中觉得最值得做的事情之一。

☞ 2. 接待中的须知事项

（1）整个行程一旦确认，就要预先跟客户和公司内部相关部门沟通好，做好预案。

（2）如果客户需要我们代订酒店，我们要尽可能把符合他要求的酒店信息全面周到地提供给他。

（3）留意客户的饮食习惯，特别是来自宗教观念强的国家的客户，要注意对方的饮食禁忌，在安排小食和就餐时避免禁忌的食物上桌，还要提醒陪同的同事们在聊天的时候注意避免禁忌话题。

（4）在接机或送机过程中要事先征求客户的意见，以顺着对方的行程安排。

（5）除了安排见面会谈，如果时间允许，还可以适当安排客户在本地观光和参与其他有意义的活动。我们在日常工作中有安排过客户去附近著名的风景点游览，还曾安排过客户跟公司的同事们一起进行体育运动，比如篮球赛、足球赛。在球场上经过汗水洗礼的交情还是比开会时的来得更深厚。还有一次，我们非常偶然地让客户参与了公司内部的一次集体过生日活动，让客户感受到我们团队成员们工作之外的另一面，这让客户觉得我们就像一个大家庭。

（6）对突发事件做好预案。突发事件谁都不想发生，但很多事情并不是我们能控制的，所以有些事情需要提前做好准备。这里列举几个事情发生后的处理方法：

①客户因为水土不服突然生病。除了送医院外，还需要让客户提供他之前的一些就医资料，如果有必要还要及时联系他在本国的医生。如果有更严重的情况发生，需要通知客户所在国驻华使领馆来帮助解决。

②客户在华遇到被偷窃，车祸等事，要及时协助处理，若涉及外事，

需及时联系对方的使领馆。

③其他意外事件，要先协助处理，如果遇到我们无法帮助解决的问题，及时联系对方的使领馆。

不要觉得这样会小题大做，我们在日常工作中就遇到过上面提到的事。其中有一件事是客户突然生病，住院超过半个月。公司派人轮流照顾直到客户痊愈，同事们后来说就是自己的家人也没这样照顾过。中间我们既要帮客户跟医生交流，还要安抚他在自己国家的家属，搞得非常狼狈，又因为没有经验许多事情走了弯路。另外一件事是客户离开我们公司后，去见其他供应商时跟对方发生了冲突，警察打电话来找我们，因为客户在国内目前只认识我们，需要我们去为他担保。这种事情说起来像是天方夜谭，但却不知道哪天会发生在自己身上，所以事先有预案会比较好处理。

六、如何接待验厂、验货

☞ 1. 验厂基本格式

有的客户在确认贸易合作关系前，会要求来验厂，看我们是否满足他对合格供应商的要求。

客户来验厂前会发给我们很多要求自查的资料，最厚的验厂资料甚至有一本书的厚度。

以下例子是最简单的格式：

INITIAL VENDOR SURVEY（IVS）

Note 1：Form must be completed prior to audit request.（表格必须在申请稽核前完成）

Note 2：Submit e-copies of all supporting documentation like ISO & business license etc. with IVS.（提交所有辅助文件的电子档如 ISO 证书及营业执照）

Note 3：The Chinese subtitle are for reference only. Please use English when filling up this survey.（中文的提示仅供参考，填写时应以英文填写）

Vendor English Name（供应商公司英文名称）：

Vendor Chinese Name（供应商公司中文名称）：

Nature of Business（所属产业）：

Date of Survey（数据填写日期）：

Survey Completed By & Position（数据填写人及职称）：

Tax I. D. Number（税籍编号/统一编号）：

Contact Person & Position（主要联络人及职称）：

English Proficiency（英文程度）：

Quality Control Manager（品管经理）：

Production Manager（生管经理）：

Sales Manager（业务经理）：

President（董事长）：

Country（国家）：

City（县市）：

Address（地址）：

Port of Shipment（主要出口港）：

Telephone #（公司电话）：

Cellular #（移动电话）：

Fax #（公司传真）：

Email（电子信箱）：

URL（公司网站）：

GENERAL

（1）How many years have you been in business and what year did you start business?

请问贵公司投入这个产业多久及公司成立于哪一年？

（2）Business type：manufacturer，trading，distributor，joint venture (with which country).

产业类型：制造商，贸易商，经销商，企业合资（与哪个国家）。

(3) Are you a private or a government company?

请问贵公司是否为民营企业或国有企业?

(4) Are you the parent company, subsidiary or sole owner?

请问贵公司为总公司，子公司还是独资企业?

(5) Do you have any subsidiaries, divisions, affiliates? (Explain your company structure)

请问贵公司是否有其他子公司、分公司、分部?（如有请详述企业架构）

(6) Are you part of a group? If yes, Please describe the group structure.

请问贵公司是否隶属集团? 如有请详述集团架构。

(7) How many employees?

请问贵公司一共有多少位员工?

(8) How big is your facility in square meters?

请问贵公司厂房约为多少平方米?

(9) What is your capital investment in USD?

请问贵公司设立资本额约为多少美金?

（10）What was your overall turnover in USD last year?

请问贵公司去年营业额约为多少美金?

（11）How many containers did you ship last year?

请问贵公司去年约出口多少货柜?

（12）Do you sell mostly to the DIY or the professional market?

请问贵公司主要市场为 DIY 还是专业市场?

（13）Please provide your customers, products of your business and continents.

请提供贵公司的主要客户，合作产品及分布区域。

Customer 客户	Products 产品	% 百分比	Continent 洲别

（14）What is your maximum factory output capacity?

请问贵公司工厂的最大产能是多少?

(15) What is your current monthly output as a percent of capacity?

请问贵公司目前月产能利用率是多少?

(16) With your current production equipment how much more business could you handle?

请问以贵公司现有生产设备还能承接多少新增的订单需求?

(17) What are your company plans & goals for the future?

请问贵公司未来的计划与目标?

(18) Are you an equal opportunity employer?

请问贵公司是否是提供公平机会待遇的雇主?

(19) How many office and manufacturing shifts do you operate in a day?

请问贵公司的办公室及制造部门一天轮几班?

(20) Explain your financial standing.

请简述贵公司财务现况。

MANUFACTURING

(1) Do you outsource or subcontract components, processes or finished product? – how much & what:

请问贵公司是否有外购产品或外包制程? 如有请填写主要外包厂商制程及外购产品数据:

Product, Component or Process 外购产品/零件/外包制程	Vendor #1 第三方 1 名称	%	Vendor #2 第三方 2 名称	%	Vendor #3 第三方 3 名称	%

(2) What is your competitive advantage or core competency?

请问贵公司的核心竞争力与竞争优势如何?

(3) What services (after sales included) are you able to provide?

请问贵公司能提供客户什么服务内容（包含售后服务）?

(4) What challenges do you face as a company?

请问贵公司在经营上面临何种困难或挑战?

(5) Do you export? what % of your total production?

请问贵公司目前有无出口? 如有，请问大约占总产量多少百分比?

(6) Do you export yourself or through a trading company (% for yourself and % for trading company)?

请问贵公司目前是自己出口还是经由贸易商（____%自己直接出口 ____%经由贸易商出口）?

（7） What trading companies do you export through?

请问贵公司主要透过哪些贸易商出口？

（8） Do you sell directly to the end use?

请问贵公司是否有直接交货给最终用户？

（9） Who is your biggest competitor?

请问贵公司最主要的竞争对手是？

（10） Can you manufacture per print or drawing?

请问贵公司是否能依图面生产？

（11） What OEM, special or per print machinery ports/products do you manufacture? explain in detail.

请问贵公司是否有生产任何 OEM 的机械配件或其他产品？如有，请详述为产品数据。

（12） What % of your total production is OEM, special or per print machinery parts/products?

请问贵公司生产的 OEM 的机械配件或其他特殊品产品各占总产量的多少百分比？

（13） What are your standard lead times?

请问贵公司交货期约多久？

(14) What is your usual lead time for pre - production samples?

请问贵公司交样期约多久?

(15) Please describe the products that you manufacture.

请详述贵公司生产的产品。

Product type 产品	Size range 尺寸	Materials/grades 材质/级数	Industries 工业类型

(16) What industry standards do your manufacture to (DIN, JIS, IFI, ASME, ANSI etc.)?

请问贵公司目前生产哪些工业规范的产品(DIN, JIS, IFI, ASME, ANSI 等等)?

(17) Do you have any patents, licenses or brands, if yes, what are they?

请问贵公司有无任何专利产品或品牌，如有，请详述并提供参考数据。

(18) Can you do PPAP In - house (what level and how long do you keep the paperwork for)?

请问贵公司是否有能力做PPAP文件（请问能提供哪一级别的PPAP文件及文件一般约保存多久）？

（19）Do you have access to the IMDS（International Material Data System）database?

请问贵公司能使用国际材料数据系统吗？

（20）Can you do 100% sorting? What is the lowest Parts Per Million rate you can achieve?

请问贵公司可以提供全检吗？最佳的不良率可达百万分之多少？

（21）Can you do Computer Aided Drawing（CAD）？

请问贵公司是否有计算机辅助的制图能力？

（22）What are your secondary operations and/or machining capabilities?

请问贵公司有何二次加工制程以及精密加工能力？

（23）Where does your raw material come from?

请问贵公司主要原料来源为？

（请填入主要原料商数据于表格内）：

Raw materials 原料种类	Supplier 供货商名称	Country 国家

(24) Please describe your production equipment including number and types of machines.

请详述贵公司生产仪器设备含种类及数量于表格内。

Production equipment type 生产仪器设备	No. of machines 数量	Production capabilities 制程能力

(25) Please describe your in house processes.

请叙述贵公司的厂内生产流程。

(26) Can you do small packaging like poly - bags?

请问贵公司能否做小包装?

(27) How long are your quotes valid for?

请问贵公司报价的有效期为多久?

(28) What is your minimum order quantity?

请问贵公司产量的最低限度?

(29) What are your payment terms – T/T?

请问贵公司的交易付款条件为何? 例如电汇?

(30) Do any of your current customers use net 30 days payment terms?

请问目前有无任何客户与贵公司配合使用出货后 30 天再付款的方式?

(31) What material are your pallets made of?

请问贵公司的栈板(托盘)材质为何?

(32) Can you provide, "4 – way" pallet with fumigation or not?

请问贵公司出货时能否提供四面都可插入的熏蒸或热处理栈板?

(33) Can you provide code 93 barcode or not?

请问贵公司能否提供 Code 93 格式的条形码?

(34) Can you graphic department create product image of line art?

请问贵公司的包装设计部门可不可以帮助做出艺术线条的照片?

QUALITY

(1) Do you have a supplier selection process and how often do you audit them?

请问贵公司是否有供货商管理办法以及多久会执行供货商稽核评估?

（2）Do you track your company performance？What areas（ex：on time delivery）？

请问贵公司是否有进行内部绩效评估（如是否准时交货）？

（3）Number of people in manufacturing（ ），R&D（ ），Engineering（ ）and QA/QC（ ）。

请问贵公司员工人数：生产制造（ ）位，研发设计（ ）位，工程师（ ）位，品管人员（ ）位。

（4）Are you ISO 9001 certified？If not what is your level of certification？

请问贵公司是否为ISO9001认证厂商？如不是，请问贵公司目前质量管理系统认证的阶段？

（5）Are you TS－16949（automotive）and/or AS－9000（aerospace）certified？

请问贵公司是否为TS－16949认证厂商和/或AS－9000（aerospace）认证厂商？

（6）Do you have a quality procedures manual approved by a recognized authority？

请问贵公司是否有质量管理单位认证的质量管理手册？

（7）Do you have an in－house laboratory？

请问贵公司厂内有无检验品管室？

（8）Is your laboratory ISO/IEC 17025 accredited，such as A2LA，TAF，

CNAS etc?

请问贵公司品管室有无经过 ISO/IEC 17025 实验室认证，例如 A2LA，TAF，CNAS 等？

（9） What tests is your laboratory certified to perform?

请问贵公司的认证测试项目是什么？

（10） What tests are performed to assure that your product meets specification?

请问贵公司会实行哪些检验测试以确认生产产品符合客户需求？

（11） Please list your in – house testing equipment.

请列出贵公司厂内检验仪器设备一览表。

（12） What is your sampling plan?

请问贵公司最终检验的抽样计划是什么？

(13) How often do you calibrate your laboratory testing equipment and gauges?

请问贵公司检验仪器设备的校正周期?

(14) Do you manufacture anything that falls under the FQA?

请问贵公司是否有生产属于美国螺丝法案规范下的产品?

(15) Do you have a registered head mark or brand with the USA patent and trade office? What is it?

请问贵公司是否有在美国专利局登记商标或唛头?如有请提供详细数据。

(16) Do you have a corrective action system in place to deal with problems with your customers?

请问贵公司是否有建立矫正预防措施系统来解决客户的问题?

(17) When was the last time you were audited by one of your major customers?

请问贵公司最近一次的主要客户稽核为何时?

(18) List any observations and or corrective actions issued against you in the last 12 months?

请问过去12个月是否有客户为贵公司提列出建议事项或矫正措施?如有请列出以提供参考。

(19) Is your product traceable through the plant explain?

请问贵公司生产的产品在厂内是否具有可追溯性?

(20) Can you provide material test reports (MTR) upon request and do they reference?

请问贵公司是否可依要求提供所属原材质证明以及材质证明是否能追溯炉号或批号?

(21) How long do you keep your documents records for? Your record retention plan?

请问贵公司的文件数据保留多久?贵公司的数据保存方式计划是什么?

(22) Do you abide by the local environmental laws?

请问贵公司是否有遵守本地环保法规的规定?

(23) Are your products RoHS compliant?

请问贵公司产品是否符合欧盟 RoHS 的规范?

(24) Do you have any certifications like UL, FM, CSA, CE and for what products?

请问贵公司是否有国际认证(UL, FM, CSA, CE)的产品?如有,请列举于下列表格中:

Product 产品	Certification 认证	Product 产品	Certification 认证

（25）Do you carry product liability insurance? How much and on what products?

请问贵公司的产品是否提供产品责任险？如有请列出产品项目保险范围以及保险金额以供参考。

（26）Do you identify and control the statutory and regulatory requirements applicable to your products?

请问贵公司产品是否符合法定的规范与要求？

（27）Do you produce any products that contain lead or with radiationcontaminant?

请问贵公司是否生产含铅物质或含有辐射污染的产品？

（28）Are you products CPSIA（Consumer Product Safety Improvement Act）compliant?

请问贵公司产品是否符合美国消费品安全加强法规定的范围？

(29) Are you able to sell in China?

请问贵公司的产品可以在中国内地贩卖吗?

按照以上表格要求，如实填写内容。这是客户调查表的一部分，一旦这些表格内容得到客户认可，我们就会被列入供应商行列，下面就等具体的询价环节。这些内容的填写和审定不是件容易的事。首先，我们本身要具有各种资质和良好的管理环节，不然填写的内容和实际不符将给后面的验厂工作带来无穷无尽的烦恼。其次，根据这些调查表，可以适时调整我们的工作流程，以满足客户的需求。最后，填表后要保持日常工作符合表格内容。

除了客户的供应商调查表，作为外贸公司在选择工厂前也需要这样一道验厂流程，所以我们也要为这个流程设计验厂的格式。

下面先举一个最基本的验厂格式：

基础信息

Section 1 > **公司概况**

成立时间	年	员工人数	人	
工厂数量	个	工厂面积	m^2	
月度产能	万	年销售额	万人民币	
销售区域及比例				

Section 2 > **产品生产及品质**

型号精度	精度、尺寸段、做得多的型号或尺寸段
生产设备	特别设备、提升质量的设备
品控能力	检测项目、方式、设备

Section 3 > **联系人资料**

T:		T:		T:	
F:		F:		F:	
C:		C:		C:	
M:		M:		M:	
QQ:		QQ:		QQ:	
注:		注:		注:	

T:		T:		T:	
F:		F:		F:	
C:		C:		C:	
M:		M:		M:	
QQ:		QQ:		QQ:	
注:		注:		注:	

下面是对工厂核实后的评估：

<table>
<tr><td>公司名称</td><td colspan="3"></td></tr>
<tr><td>公司代表</td><td colspan="3"></td></tr>
<tr><td>公司地址</td><td colspan="3"></td></tr>
<tr><td>公司网址</td><td colspan="3"></td></tr>
<tr><td>外贸方式</td><td colspan="3">□无　□代理　□自营</td></tr>
<tr><td>自有品牌</td><td colspan="3">□有________________　□无</td></tr>
<tr><td rowspan="4">主要产品</td><td>□×××</td><td>□××××</td><td>□×××</td></tr>
<tr><td>□×××</td><td>□×××</td><td>□×××</td></tr>
<tr><td>□×××</td><td>□×××</td><td>□×××</td></tr>
<tr><td>□×××</td><td>□×××</td><td>□×××</td></tr>
</table>

已经在现场审核以下内容：

（1）基本信息。

（2）车间设备。

（3）检测设备。

简评（基本判断及优劣势）：

□初次评估　□重新评估（第____次）

评估结果：□A 适合合作　□B 可尝试合作　□C 不可合作

评估人签字：__________　复核人签字：__________

通过以上资料的收集整理，基本上确认了工厂是否符合客户实际呈现的生产情况和我们作为合格供应商的条件，如果条件符合我们就成为供应商备选。

以上资料一律需要存档并且要对所有供应商历年的供应情况做评估和判定相应级别，优胜劣汰。

☞ 2. 实际验厂举例

如果已经进入询价最终要确认订单阶段，那么验厂这个工作将会非常复杂。客户验厂的过程将从原材料检验开始到货物出库结束，同时要求原材料供应商提供成分表和认证证书。

这里我们举例来说明这个过程。

客户在通知验厂前会发来验厂资料，我们把资料逐一分析后，按检查的段落分给相应部门先自查一遍，可以整改的马上整改，如果现阶段确实是做不到的，要提前报备到负责此次接待的部门，以便在接待时能提前说明。检验过程中所需要提供的纸质文档同样需要预检，如果涉及原材料和设备供应商的材料，要事先拿到这些资料和认证证书并确认是否有效。

在验厂的前几天，需要把工厂的整体流程仔细检查一遍，大到车床运转，小到车间的公示栏及车间的打扫。

接待人员里除了工程师，还需要熟悉公司流程的人员和负责公司ISO认证的人员在旁协助。

客户来验厂要么是带自己公司配备的专业验厂工程师，要么是请第三方专业机构。他们会严格按照既定流程来走，不要妄想通过特殊手段来搞定来访的人员。

目前一般公司都通过ISO认证了，验厂标准基本就按这个，遇到特殊行业可能还会加个环境认证。我们所有的准备就是踏踏实实地按着认证标准来，基本上这样一圈流程下来，都能符合验厂的标准。最担心的就是已经通过认证，但平时的文档记录不规范，车间环境不整洁，生产流程布置不合理等。最近我们还碰到客户强调车间的安全，当时的情况是看到仓库里堆高的情况太严重，验厂的工程师第一反应就是货会不会掉下来，如果掉下来后果不堪设想。于是安全问题被他提了无数次，强调的是要我们做负责任的制造商，不然他的公司没办法来采购。等我们再三保证并答应半个月后请他再来复核后他才放心。

其实我们也知道仓库堆高不是很安全，就是因为大家都习惯了，很容易麻痹。还有一次是被客户发现仓库里很多品牌的纸箱堆在一起，被他看到了很多品牌。他倒不是担心有竞争对手，而是发现了其中有低端市场的品牌，他马上很紧张，问我们怎么保证品牌产品在生产线上不混淆。说实话这个还真是不好回答的问题，于是这个客户回去后就决定近期不打算从我们这里采购，等我们把生产线管理弄清楚后再联系。这件事情给我们一个非常大的教训，不但让我们知道要对整个生产环境管理进行整改，同时也提醒我们需要整理我们的产品市场，想清楚是所有的客户都要做，还是专门性地去做同类客户。

所以对这样的验厂活动，企业是非常欢迎的，因为可以直接从客户端那里知道问题，企业内部要整改的愿望会非常强烈，受到的阻力也会比平时少。同时，整改的目的性也非常强，很容易做到平时很难达到的标准。

☞ 3. 接待验货流程

验货相对来说比验厂要轻松，具体分客户验货和第三方专业机构验货。一般来说签订合同时客户就会告知发货前需要检验的要求，具体的要求也会随之告诉我们。基本上是货物快完工时提前向客户申请验货时间，等到对方答复后，就安排接待。需要检验的货堆放在指定地点，以便验货人员随机抽查，如果在验货中发生分歧，可以开会讨论并提请客户确认如何处理，如果货物有瑕疵，可以要求返工并商议再次来验。

企业内部一般会对验货流程做如下规定：

（1）一旦验货时间确认，业务员就要通知生产部门和仓库落实验货的具体要求，具体参考“客户验货通知单”。

（2）在验货前一天，实地查看货物情况，包括产品质量、包装情况。

（3）验货当天，由业务员和工程师陪同验货人员完成这个验货流程。验货过程中需要的资料和实物参照要提前准备好备查。

有的验货通过单是交货单据里的一份重要文档，一定要在验货前按合同要求仔细核对货物，争取一次通过，免得影响交期和单据质量。

其他没有要求验货通过单据的订单，我们也一样要处理好验货，同时要求验货方尽快告知验货结果，以便我们通知客户安排订舱，免得延误发货收款。

客户验货通知单

业务员： **客户编号：** **通知日期：**

外销合同号	型号	数量	验货时间	验货方式	特别说明

说明：一、此单要求至少提前 3 天填写，除特殊情况外。请业务员知道客户要求验货时，第一时间填写后传给采购部。

二、填写说明：

1. 合同号：必须准确填写客户要求验货的相关信息。
2. 验货时间：最好准确到小时，如 2013 年 9 月 28 日上午 9 时。如果客户没有准确告知，可以先告知一个大概时间，等确认准确时间后再做补充。
3. 验货方式：分两种，一种是客户自己公司的验货人员检验，一种是第三方检测机构检验。
4. 特别说明：对这次验货做补充说明，如注意点、需验厂、开发新品等。

七、产品如何推荐

☞ 1. 产品推荐要点

前期联系时就会出现一个推荐产品引起客户兴趣的过程，我们在推荐前会对客户所在地区和所在行业做个小调查，然后相对应地整理出几个畅销的品类，配好产品图片和图纸，然后根据跟进节奏陆续发给客户参考。这么做的目的一个是让客户明白我们是同行，值得信赖，另一个是让客户知道我们非常了解客户所在地的市场，值得合作。客户如果发现我们的产品的确是他们在经营的，就会有兴趣回复邮件，进而要求报价和提供样品。

我们在这里讲到的推荐着重还是讲在交易进行中的推荐，目的是从简单的供货商慢慢做到行业里比较有名气的著名供应商，甚至走得更远，成为行业领头人。

具体的情况我们列举几个：

（1）客户是分销商，涵盖的商品范围很广。我们刚开始交易的时候不可能跟他说我们什么都做，这样说反而会让他敬而远之。所以我们通常会选最有竞争力的产品去推荐，争取在品质和价格上赢得他的注目。随着业务的进展，相互的了解度和信任度的提升，要慢慢引导客户发现我们其实还能做其他相关的产品，包括他没有在我们这里采购的产品。

在拜访客户和客户来拜访的时候要有意识地带领客户看样品、样册和生产车间，争取让他发现我们其实是综合型的供应商，能够提供相关行业或全品类产品，而且这样的进一步合作会带给他更多的机会，最终给他带来更多利益，接下去的工作就很容易开展。而且他一旦遇到新产品，也会第一时间想到我们。

（2）客户的公司属于中等规模的企业，但他对销售很有想法。我们看好他的前景，刚好我们知道行业里有个产品在他所在的市场非常受欢迎，我们有同类型的产品，但在价格上比那个产品更有优势，所以我们想找伙伴合作进入他的国家。如果对方实力很强，太过强势，我们的合作不好谈，像这种中等规模的企业，愿意去开拓新市场的，在利益分配方面相对好谈。这种情况下我们跟他谈合作，他会有兴趣做总代理或总经销的。在开拓市场方面，我们会积极配合，所产生的费用也可以由双方共同分担。对于这种情况，我们最成功的案例是客户所在国家的行业杂志都登了这些产品的广告，当地的展会上也有我们标志性的摊位，产品的知名度马上被打开，当年成交量大幅度提升了。在代理和我们的共同努力下，几年后在那个市场中，我们的产品替代之前的产品，所占比例达到85%以上。而我们客户的经营规模也因为这个产品而壮大，开拓出更多的中小分销商，间接带给我们更多的客户。

（3）客户是个大进口商，与我们进行过良好的交易。进口中国产品的同时，他还在代理其他知名品牌。因此在他与我们交易后，我们可以根据对他整个经营情况的了解给出建议，问他是否有兴趣创立一个自己的品牌在本地市场上销售，产品这部分由我们来支持。这样的做法在提高业务的存续率和数量上是很有效果的。实际工作中，合作创立品牌往往能带来更多客户的采购订单。我们的一个大客户，很多年前就是排名前十位的中间商，本身的销售网络就非常完善，后来跟我们一起创立自己的品牌后，充分利用了自身的销售网络和市场口碑，几年努力下来，知名度跨越几个大洲，销售量更是不可同日而言，从而在排名上稳坐当地同类产品的第一名。在代理世界名牌的企业日益增多的情况下，创立自己的品牌是突破原有模式的大好机会，如果恰好有合适的供应商，就应该携起手来占领属于自己的市场份额。而作为支持者的我们可以一开始就谈好共享品牌，这样可以把双方利益捆绑在一起，有利于稳定产品质量，有利于市场销售的有序竞争，属于一个双赢的项目。

讲这几个案例的目的就是解释我们怎样更好地把我们的优势产品介绍到合适的市场中，从而更积极地推动我们的销售。

当然也不限于以上的几种情况，做我们这行其实最核心的工作就是要随时收集信息，同时也要对这些信息进行及时反馈，信息的畅通有利于我们的业务开展。过去说酒香不怕巷子深，现在这个话已经不大合适了。你不吆喝几声，没有人会费心思了解你的酒到底好不好喝。

举个小例子：某天我们去客户那里拜访，看到他放在样品室的样品，突然发现其中一个就是若干年前我们生产给其他客户的。于是我们就问客户，他说这是他的一个客户给的，希望我们能帮他找供应商。举这个例子是为了说明拜访时我们都比较仔细，能及时捕捉到产品信息，从而制造了机会。还有个情况，在拜访的时候我们看到客户的其他图纸，发现有几款虽然不是我们在做的，但我们的设备完全可以生产。于是就跟客户说我们也可以帮着计算成本，带这些图纸回国核算成本，这么一件小事，却让我们打造了另一条生产线，谁都想不到，若干年后，当我们经受行业大调整的时候，幸亏有这个生产线的强力支持，才让我们没有低迷甚至落到一败涂地的境地。

☞ 2. 推荐产品须知

（1）推荐产品需要考虑产品之间的联系，比如是在同一个设备或行业里需要的，或者是同属某一类的产业，因为这保证了产品之间的相关性。在推荐和开拓上保证了被客户关注的可能性和这件事成功的概率。

（2）在确定推荐的产品后还需要给这些产品建立档案，准备样品、图纸、纸质宣传资料和应用类的电子信息资料备用，以便可以及时提供给客户，用以推销和展示。

（3）在向客户推荐时要重点介绍产品的相关性。尤其是同一产业的产品，让客户知道我们擅长的是整个行业的配套供货，有利于深耕和开拓客户更多资源。因为有的客户会局限于某些品类，如果我们能提供更多的信息，他也会在自己的市场和客户那里开拓更多的品类，信息一旦匹配，机会就会增加。

八、如何把小客户做到大客户的引导销售

☞ 1. 了解客户才能更好地服务客户

这部分内容其实跟前面是交叉的。日常销售中我们除了要开拓新客户，还要注重在维护老客户的情况下，把握客户的经营情况，除了规避日常风险外，最主要的还是看看我们是否能把业务做得更大更广。

实际工作中我们开发一个客户，从无到有，从一单生意发展到多单生意到最后建立深厚的交情，这个过程中我们肯定要很注意对方的发展，客户也乐意告诉我们他的生意情况，一是为了让我们放心与他交易，二是为了得到我们更多的支持。而我们关注的点则是他的经营情况是否稳定，是否有风险出现，另外是否有更多的项目可以参与进去。

有些小规模的客户采购数目少、项目多、时间紧，配套中经常会有很多实际困难产生。时间久了，客户也会来抱怨我们不肯配合，特别是遇到供应商属于很大的公司的情况，就会发生店大欺客的现象。

但这种客户往往面对的是真正的用户，也正因为如此，这些客户为了节省成本不愿意多囤货，造成采购批次多、数量少的现象，而且经常会有急货要求。

对这样的客户不能盲目拒绝，要具体分析对方的情况。如果客户面对的市场只是覆盖周边地区，那么他的采购量少而频繁是很正常的。如

果是这样的情况，其实可以与客户探讨采购的计划，老老实实地把情况告知客户以求得到他的理解，毕竟我们是工厂，不是超市，很多批量少的产品无法及时供应是正常的。那么如何去解决这个问题呢？我们会建议客户整理自己的销售情况，然后根据往年的销售记录来拟定一年度、半年度、季度的采购计划。这样做的好处是我们能比较好地安排生产，同时客户不会每次都火急火燎地来要货。有个3D打印机用户，我们要给他配套一个零件，他每两个月来定一批货，但交期要求很短。我们在研究了客户情况后，主动提出给他备货，从此以后再也没有发生过因为赶货弄得大家都很不开心的现象。而且因为我们配合得好，客户慢慢就把其他零件也转移到我们这里来采购。

还有一种情况是多年交易后我们了解到客户有一个很稳定的市场，但由于他的企业规模小，采购量偏低，再加上他比较谨慎，为了节省成本他不愿囤货。这种情况下，我们可以跟客户讨论下他的发展，看看他愿意发展到哪个地步，我们又愿意支持到哪个程度。如果他没办法再进一步，我们就要考虑放弃这个客户，介绍他去其他供应商那里采购。

如果我们看好某个市场和客户，我们会在付款条件和准备库存方面给客户很多优惠政策，以保证他在开拓客户期间得到很多资金上的支持，比如说付款条件从见提单付款放宽到见提单后多少天，备库存不需要支付定金等便利措施。这样铺货的方式用在良性发展的市场中和客户身上会大大帮助我们的客户和进一步发展（这样的政策将鼓励客户多备库存，有利于市场的良性培育）。在业务发展的同时，我们会对这个市场的需求更敏感，对生产的安排和新品研究也会有自己的方向。这样做的好处是我们在投产和新品发展上有更多的主动权，甚至能影响市场风向。

☞ 2. 从供货转为合作

随着企业经营规模的发展，从一家小企业发展到行业里的领头羊，需要付出很多努力和时间，同时也需要很多的机会。

在所有开拓客户和市场的工作中，其实最能发挥作用的是从一家普通的供货商单独开拓市场变成两家共同开拓市场，分享资源，甚至发展到收购客户的公司。

这也是目前很多走出去的中国企业迅速占领市场的实践成果。

外贸行业有很多其他行业没有的优势，一个是语言能力，另一个是对市场的掌握，此外还有了解目标市场的游戏规则。

同样的，反过来和客户在国内合作也是一个推动销售的好方法，这个也是我们对外开放后的新模式带动下的热点。这样做的好处是不但带来了客户和市场，同时也带来了我们产业升级和管理升级的好机会。沿海开放城市之所以能迅速发展，其中合资企业发挥了巨大的推动作用，在行业革新、劳动力升级和管理升级等诸多方面带来了全新的方法和理念。

九、销售综合素质的各个方面

前面讲过要成为一名合格乃至优秀的销售员需要具备多方面的能力，而这些能力是需要在工作中慢慢积累的，那么到底哪些能力和思维是我们需要具备的？在这里将展开来阐述。

☞ 1. 各种素质的介绍

（1）基本素质。

学习能力

顾名思义，新人进入企业后要有很强的学习能力（接受各种培训）和自学能力（学习工作流程等各个方面），具体体现在语言能力的锻炼和产品知识及其他方面必备知识的学习。如果没有这个能力，估计连日常工作都扛不起来。比如说语言能力的学习，我们培训写邮件、打电话的能力，这些能力不是搞几次培训就能提高的，需要员工自己不懈努力地学习、总结才能提高。同样，对工作流程的把控也是一种基本能力，新人需要时间学习，既要熟悉工作模式，还要学会与供应链各个环节的人打交道。但需要有这种学习能力的并不限于新人，其实在以后的工作中同样要有不断学习的能力，新的产品、新的政策、新的贸易方式等，这样看起来，销售员的工作生涯是跟学习能力挂钩在一起的。

目标明确

销售员的工作性质决定了这个岗位工作的导向和最终目的：赢得客户，服务好客户。为了这个目标需要培养各种能力，同时更要时时提醒自己有这样一个目标。以目标为导向制订各种计划，在这个过程中销售员也会有勇气努力闯过各种障碍，最终实现目标。每年年初制定一个销售目标是整个公司的大计划，同时每个员工每年也要给自己制定一个奋斗目标。在这一年里你就要努力向这个目标靠拢，这个过程中有喜有悲，有得到也有失去，但有付出肯定有回报。只要有了大目标，再把大目标分割成若干个小目标，一个目标一个目标地去攻克，去收获，最后就能赢得成功。

服务意识

说到底我们这个行业就是个服务行业，如果连这个行业的基本要求都没有完全领会，其实就是不合格的。但新一代的销售员成长的环境中人际关系简单，使得他们性格单纯，甚至有点不谙世事，在家里、学校里都随便惯了，不太明白销售为什么要有明确的服务意识。年长一些的人经常会在日常工作中发现我们认为很正常的服务模式，他们怎么也想不到，更加不可能在工作中有所体现。比如，部门沟通中需要谦和有礼，但他们习惯了别人围着自己转，因此觉得怎么做都无所谓。对客户也是这样的心态，造成很多时候在维护客户时发生了不该发生的事情。所以这点要在日常培训里反复提醒，让销售员在日常工作中有意识地形成这个概念，同时要在跟进客户时潜移默化地发挥这种服务意识，真正让客户感受到我们在配合上的与众不同。前面讲到过许多接待的工作，拜访的工作，其实就是最能体现这种服务意识的地方。如果客户对你们公司和你本人印象深刻，自然是你做事到位，服务优良的最大收获。

关注顾客

所谓关注，就是关心他的采购情况，进而关注他的经营情况。当然也不用像盯梢一样地去盯牢顾客。不过说起来这样的情况还真有，特别是在国内的展会上，我们经常看到有人跟在自己的客户后面，怕一不小心客户就跑到人家那里去。另外还会对客户的新供应商百般诋毁，这种做法太小家子气。紧迫盯人不一定有用，你总不可能24小时都盯着吧。而我们所说的这种关注也不是单指在展会上要去关注客户，其实更多的是指在日常交流中有距离有分寸地关注对方，做个有心人，总会在细节里发现客户没有表达出来的意思。让客户体会到我们非常重视他们即可，不要搞紧迫盯人等很离谱的行为，结果会让大家都尴尬的。

理解他人

良好的沟通是保障业务正常运转的基础，同时在沟通中要学会换位思考，理解他人的难处，这样才能让我们在谈判中学会审时度势，见好就收。日常工作中，我们会夸大自己的难处，淡化客户和配合工厂的困难，如果在这样的思维下，很多工作都不好开展，尤其是遇到交货困难，货物出险等棘手的工作时。因为这个时候需要大家互相理解，共同解决问题，而不是一味地指责抱怨对方。所以我们要在工作中学会理解他人，体谅大家的困难，真正做到把问题摊开来解决，赢得客户和配合工厂的理解和支持。

影响力

销售做到一定阶段后，自身的素质和工作历练出来的能力会让你在公司内部和客户那里形成一定的影响力，表现在讨论价格、开发新品以及处理棘手问题上，因为你的诚信、专业和包容，会让你在处理这些问题时发挥更大的作用，从而获得更多机会。优秀的销售员善用这方面的能力，为自己的客户和配套的工厂争取更多的好机会，最终为自己的企业赢得市场份额和利润增长。

韧性

此韧性非彼任性。这个韧性也许需要一点点的任性，但更多地还是表现在坚韧不拔的意志力上。在跟进客户的过程中，我们会遇到很多此前从未遭遇过的事情，邮件石沉大海，电话联系不上是家常便饭，如果就此放弃那就失去了销售的本意，在这个过程中最考验的就是人的耐心和意志力，所谓屡败屡战，坚持到底，说来容易，做起来太难。所以我们会强调在跟进过程中要有计划有步骤，这样你的韧性容易得到提高，也容易坐得住冷板凳。要努力培养自己经得起事，扛得起事。新人需要韧性来开发客户，有经验的同事更要有韧性来深挖客户的潜力，深耕熟悉的市场，不贪恋原有的成绩，向着更高的要求和目标前进。

（2）客户关系管理能力。

客户信息收集能力

前面已经分析过客户数据来自哪里，公司在发放前会对客户数据做详细的分析整理，主要包括对海关数据的整理和目前供应商的分析，然后发放到相应的销售员手里。但这时候的数据其实还很粗糙，没有想象中那么细，所以我们收到数据后还需要进一步过滤和试错。所谓过滤就是辨明这个客户是否真的是我们的客户，通过海关采购数据和对客户网站进行研究是第一步，第二步需要与客户交流后再确认，因为不排除客户是为其他人代理进口若干产品的可能性。一旦发现对方不是目标客户应立即停止跟进，以免浪费人力物力。要及时更新客户管理软件。试错是指核实拿到的信息是否准确，比如邮箱地址、联系电话、联系人名单，都要在第一时间核实，主要是为了尽快找到正确的联系人和联系方式，不浪费数据资源，这些都是开发阶段必需做的工作。之后的信息收集就在于如实记录客户的各次询报价及成交情况，一段时间后对客户的采购偏好和采购时间进行分析。成交一年以上的可以做同期比较和上下两年的比较，这样做主要还是为了判断客户的采购情况（有没有季节性，有没有重复的返单等）和经营情况（付款条件是否要求更改，付款是不是有出现拖延，有无出现订单频繁取消的现象等），同时为自己争取更多的订单。其他的信息体现在客户邮件中和拜访客户时所看到的信息跟客户公司和我们产品有关的内容收集上，比方说客户发来的样品，图纸上的标识，去客户办公室看到的其他品牌的样品等等，要学会收集细微的信息，最后汇总在一起成为对我们交易有用的资料。凭着这些资料，就可以推荐我们擅长，对方又有兴趣的产品给客户。

客户关系建立和改进能力

拿到客户资料到建立贸易关系是第一步，也是非常重要的一步，销售能力的高低在这一步里体现得特别明显。同样的客户在甲手里是个鸡肋，到了乙这里可能成了宝贝。机会在里面也许占着一点点的优势，但更多的还是靠销售员自身的跟进能力，如何给新客户写第一封邮件，打第一次电话，以争取他对我们公司的关注，如何提供更多对方感兴趣的产品内容给客户，如何在众多潜在供应商里面脱颖而出，如何争取到第一次询价等等，经历了这些步骤，你的客户关系也就建立起来了，后续联系中如果觉得还有其他可以提高的地方，当然要适时地去改进，加强与客户的联系和信任，保证产品和服务都能满足客户的需求。改进的能力还包括已经遭遇到投诉或客情关系有恶化趋势时如何去挽回客户，这考验到人的情商，要懂得如何去缓解客户的愤怒情绪，继而妥善地解决问题。改善关系一方面需要工作经验，另一方面当然还需要我们实质性地改进产品质量和服务。平和地交流，积极地行动，让客户看到我们的诚意，相信能让客户平心静气地解决现有问题，至于是否能彻底地挽回还是需要时间，也需要能力。

客户意见反馈能力

收到客户对产品、对我们某项服务的反馈是工作中最普通的事，如何真正明白客户的反馈意见及把这个意见准确地反馈到可以处理的部门也是一个能力的表现。

为什么这么说呢？因为我们在日常工作中发现销售员没能真正理解

客户的意思，导致问题缩小和扩大的现象屡见不鲜。作为交流的桥梁，意思没能准确领会将造成很多的麻烦，比如在产品投诉方面，客户的意图和供应商的意图有分歧，作为中间方，如果没有能力来平衡双方的关系，也就没有办法解决分歧。另外，看不到事情之间的关联也会造成严重的后果。特别是收到明显有悖常理的产品要求时，完全可以判断是客户出现了失误，但因为没有前后联系，也没有去仔细分析，等到事情落定后大家才发现出错，这个时候造成的问题肯定就非常大了。所以有必要在学习过程中有意识地培养这方面的能力。其实这个在日常工作中完全可以培养起来：一方面是经验积累，另一方面则是将对过往资料的收集整理分析做到位，对客户的经营情况心里要有明确的一本账，对与客户的交易情况更要门儿清。

客户关系规划能力

这个就是我们讲到的如何引导销售的能力。如果我们事先已经判断出客户的公司是有一定规模的，但我们目前还只是他的一个小供应商，如何提升在他公司中的份额呢？这就考验到我们对客户关系的规划。如何在日常交流和拜访时向客户传递我们这方面的想法，如何提高我们在客户心目中的地位，考验到我们规划客户和后续服务跟进的能力。其实交易累积到一定程度后，我们要有争取订单的能力和表达力，很多时候争取和不争取还是会有很大的区别。但这种争取要做得合适和巧妙，不要表现得很急躁，更应该表现的是我们有能力为对方争取到更多的利益空间，让客户感受到我们的好意。对潜在的客户也要有规划能力，在什么阶段做什么样的客户，量体裁衣，量力而行，这样分头击破比较容易找到客户开拓市场。

（3）销售能力。

销售方案的制定和实施能力

每一个客户的开拓都会牵涉到如何促进销售。新人往往会觉得千头万绪无从着手，随之会认为是自己对产品知识掌握不够才造成这种状况。其实凡事开头难，每个销售员都是这样走过来的，所以根本不用气馁。遇到不懂时可以找公司老同事、主管来讨论自己的客户情况，制订现阶段可执行的计划，一段时间后再来评判这个计划的实用性。

有经验的销售员拿到客户确认好的数据之后，就会对这个客户的跟进有自己的想法和销售推进安排，这得益于前一阶段对产品和沟通能力的培养。这种销售员已经摸到了行业的一些门道，在与客户交流时不至于露怯。制订计划并实施后同样要定期复核，看自己前期的判断是否准确，是否按照计划去实施了，目的是否达到。

交易是否能成功要看方案的可行性有多高，步骤是否都按计划在执行。

这个能力是从自己的努力学习和经验中获得的，所以在日常工作中要善于分析归纳，积累行业经验，同时也要学会多和身边的同事交流、讨论，分享成熟的策略与经验。

产品推荐能力

如何把产品源源不断地介绍给客户，这一直是工作中的头等大事，就算是再有经验的销售员也不一定有十足把握自己的每一次推荐都会被接受。所以在我们看来推荐是讲天时地利人和的。所谓天时即客户隐约透露出需要此类商品的信息，或者在与他交流中得知了他的新项目、新客户情况。地利则是我们刚好在供应此类产品，而且在客户所在国有同类型客户在出售，这点保证了我们产品质量的被接受度。人和则是我们推荐的时机刚好在客户打算找供应商的时候，同时推荐的人又是被他所信赖的。在这样的好机会下，我们的销售员就能发挥很大的作用，凭着他对产品的熟悉，对行业的把握能力，将给客户带去更多的产品信息和在本地市场开拓此类产品的信心。这也是个循序渐进的过程，客户从小到大地发展，我们的品类也是随着市场更新换代，近年来我们比较提倡按行业来推荐产品，这样捆绑组合销售的效果要比单兵作战来得有力量，而且竞争对手一时也难以突破。这样做容易建立口碑和赢得客户的忠诚，但前期的工作说起来容易做起来非常艰难，作为一个单产品的供应商，容易被原有的思维模式框住，要成为一个行业品类的供应商，跨度不是一般的大，其中不仅是产品线的规划，还涉及对目的地市场的全盘了解，同时还要整合上下游供应链的资源，以达到控制住质量和成本的目的。如果控制不了这些，捆绑销售的优势就体现不出来。这就不是单个业务员的能力能保证得了的，要整个企业花大力气沉下心去收集资料、分析资料，还要对行业发展充满信心才可以去做这个前期明显吃力不讨好的工作。但长远看来，这将是很多行业的发展出路，对销售员本身的能力是一次大挑战，对企业也如此，但前景如此美好，值得为此奔波努力。

销售过程的管理能力

从找到客户建立贸易关系，到最终成交，贯穿了一个完整的供应链条，销售员在里面起着承前启后、协调各个环节的作用。

从询价报价、建立合同、安排生产，最终收款发货，到关注客户是否收到货，中间涉及了几个部门，如何使这个周转过程顺畅很是考验人的安排能力。倒不是要如何运筹帷幄，主要还是应发挥认真细心的劲头。在这个过程中容易出问题的第一个环节是报价环节，报高报低都是问题，如何摸到客户的心中价位拼的是对客户、对行业的了解，新人只能慢慢摸索，前期还是要靠有经验的同事来帮助把关。第二个环节则是成交后安排生产，落实生产时最担心遗漏客户的要求，特别是些不特别重要的细节，比如包装、商品的色差等，所以要安排人员中途去检查生产情况，免得交货时出大问题。合理安排巡检以保证货物跟合同要求一致。第三个环节是最后出货阶段，延迟交货还能解释，最糟糕的是货物质量达不到要求。这种情况下就要看销售员如何在客户面前争取时间以保证返工，十分考验人的沟通调解能力。除了这些环节，还有许多小的方面要注意，不能耽误整个大环节的运行。例如，商品生产过程中进口材料、配料的到达时间，开发模具的时间，包装生产到位情况，甚至是货代确认船期，客户所需要的申报单据，等等，都需要销售员出面来协调完成，工作非常琐碎，很容易遗漏，所以要用工具把这些都管理起来。选择前面介绍的其中一个管理工具，比如OA或云协作，把合同当作项目来执行，把合同履行的整个环节都放在上面，让相关部门都联合起来，这样每个部门都能清楚看到当前合同执行到什么地步，哪些工作属于自己部门的范畴。在这样的管理下，细节就不至于遗漏，效率也会得到很大的提升。所以除了努力培养自身能力外，还要学会借助外界的力量。

（4）市场分析能力。

市场信息收集能力

这个能力在前面几个能力里也反复被提到，足见它对于销售来说十分重要。

市场信息在以往的工作中我们一般需要通过参加展会，拜访客户，以及与供应商交流获得。目前又有了更多的收集途径，即通过互联网了解目标客户所在国家的经济形势、行业前景，同时也可以通过网络了解自己国内的经济情况，劳动力情况等跟行业发展息息相关的信息。其他获知信息的渠道还有来自船运公司和信保的客户资信调查，这些信息都可以帮助我们判断客户和市场近阶段的经营现状，对于控制风险和投入都有很大的帮助。

比如说我们的行业跟能源产业有非常密切的关系，那么近期石油价格连续下跌，对我们的产品的影响就非常严重了。如果我们是以石油为原料，势必影响我们的产品的市场价格，如果石油是我们行业的消耗品，那么我们的成本会降低，竞争对手很可能会降低价格来推动销售。如果石油价格是在上涨，我们就要考虑是否需要买些库存来抵消涨价空间。窥一斑而知全豹，以小见大，在信息不对称的时候，提前预知信息的人总能掌握市场先机，所以锻炼这个能力非常重要。

行业分析能力

这个能力其实就是对应上面的能力来讲的，拿到信息后如果不能合理地利用，那么这些信息就毫无用处。这就要求收集的人还要有良好的分析能力，对市场和行业的敏感度要比较高。这些谙熟和敏感来自日常工作中对于询价和订单的高度重视和谨慎，还要加上对行业发展的展望，不要放过任何一个小信息，最终这些小信息会带给我们丰富全面的信息。

对行业的持续关注也会带来很多我们需要的信息，结合自身对市场的了解，这种分析能力就会日渐成熟。

关联行业之间其实有很多内在的联系，所谓牵一发而动全身。如果某个行业的产品在某个国家遭到了反倾销，这将导致国内市场的价格竞争愈加激烈，因为产品出口的渠道少了，而产能就摆在那里，企业将把销售主力转到国内，这样会直接影响国内同类产品的价格。

同样的行业内新产品的出现，也会影响目前已有产品的价格。如果自家企业刚好也有类似的新产品即将推出，势必也将陷身于这场价格战中，所以如何利用掌握的信息来规划自身产品的发展非常重要和紧迫。这些能力也是在工作中善于积累，善于思考得来的。

市场策划能力

利用获得的信息和资料，来合理规划自己的市场。这是销售员到一定程度时会自觉利用的能力，如果凭借自己对行业的分析能力，提前预知某些产品将在某个时候畅销，那么我们就可以提前投入生产，甚至扩大生产。这样，在采购原材料、提高生产效率上就会比平常的订单有更多的便利条件，从而能在市场上获得更多的机会。好比那些反季节蔬菜总是容易卖到更高的价格。

策划能力包括两种：第一种是新品上市的策划。在决定开发新品前要对市场中的同类商品进行详细了解，这既可以自己去做，也可以委托专业机构去做。等确认这个新品的市场潜在购买力后，就可以安排进入市场的步骤。策划要从开始选择宣传模式、听取老客户建议、新品试水等几大环节去安排，并且要做好相关预案，免得中途出现岔子，导致后半部分失去原来的动力。

第二种还是老商品的深耕策略。前面提到的库存促销，年度促销都属于这种方法。虽然是老套路，如果用得恰到好处，还是有很大的作用。所以我们一般隔个一年半载就会对老款式或者是库存中的其他物品来个促销，目的是吸引更多的客户，同时当然也是为了提高资金周转速度，况且欧美市场专门有客户做这种库存的生意，基本上属于一种可以长期开展的活动。

(5) 决策支持和建议能力。

销售市场规划建议能力

部门乃至企业内部在制定大的市场策略时，肯定会有听取内部成员对这个策略的意见。这时，有经验的销售员可以发挥很大的作用，因为他们具备了前面提到的很多能力，加上在行业多年，熟悉自身企业的优劣，熟悉行业的历史和发展，在市场规划上有自己的认识和计划。但有的销售员虽然有这方面的能力，却缺乏将这些建议汇总提炼的能力，他们的意见往往是碎片式、不成体系的。因此在日常工作中我们要注意提高怎么写建议和规划的能力，尽量发掘自身的潜能。同时企业本身还要善于听取不同的建议、不同的意见。这些有时既能给过于理想化的计划泼点冷水，也能让决策者更为清醒，在做预案时会更加周到。

市场策略建议能力

这个能力与前面的规划建议类似，但更考验销售员本身的胸怀和视野。市场策略跟销售规划还是有区别的，如果从时间上来区分，规划可以是短期的也可以是长期的，而策略往往是长期的，配合销售计划的实施和发展。所以短时间里策略实施人是无法判断策略的好坏的，也正因为这个原因，策略的制定更考验参与者的眼光。

企业产品建议能力

产品的规划关系到企业整个产品体系的建立，我们如何在产品的质量和更新换代上快人一步的确是个大难题。在销售一线的销售员要在解决这个问题上发挥作用，因为他们接到来自客户的反馈也好，抱怨也罢，总是会比别人更能发觉产品的问题。这个建议涉及对已存在的产品的升级换代和根据企业的发展规划增加品类的内容。两方面的建议对企业都非常重要，不管是针对目前的销售还是未来开拓市场。所以我们要有意识地培养自己对产品的理解以及相关衍生产品的了解。产品链设计的合理对于开拓和深耕客户都有非常大的帮助。

企业及平台管理改进建议能力

销售员在日常工作中会用到公司很多的软件，也会涉及很多管理环节。在工作中会发现这些应用是否操作便利，管理是否符合实际需要。我们需要的不是背后议论，而是真实的建议。日常工作中觉得不符合实际需要就要有理有据地提出来，从而改善公司内部的日常应用和平台管理，有益于所有的人。例如，ERP 环节里对于询报价环节的设计不怎么灵活，我们就要与设计者讨论如何来规避那些不必要的环节或者说多余的环节，毕竟软件是为了提高工作效率，不是为了给我们制造工作上的麻烦。另外，管理环节中审批的步骤主要是为了控制风险，那么设计这一步骤是否符合实际需要呢，如果只是为了控制风险而多设置审批的步骤无形中增添了我们工作中耗在内部的时间和精力，达不到设计它的最初目的。这些都需要应用的人及时指出，再由管理层来判断这些建议的合理性。这其中就会考验到提建议的人是否有经验，是否是从公司层面提出的。

（6）体系建设能力。

这个要求看起来就很“高大上”了。一个销售员如果能达到自身的体系建设能力，无疑已经成为销售宝典上的那种伟大的销售员了。他已自成一格，对于市场和产品的规划有了精准的眼光，在客户中有了很大的影响力，在企业中也有了很大的话语权。这当然是每个立志成为行业楷模的销售员的理想。理想与现实有很大的距离，需要每天踏实努力同时灵活机智地去缩短这个距离。

☞ 2. 综合素质造就综合能力

销售员具备的素质越是全面，发挥的作用肯定越大，自身的能力自然也是越强大，在企业内部也能发挥更大的作用。

在团队里这样的人才越多越好，综合素质带来的各项作用会在实际工作中体现得特别明显，比如对市场敏感，对产品进行规划的能力都不是一朝一夕就能拥有的，也不是可以从外面购买到的，需要企业内部形成氛围，有意识地鼓励和培养员工。

十、海外拓展

☞ 1. 海外发展现状

除了大型企业，其实真正在海外开拓的企业并不多。之前国内因为有政策支持，与外资合作的企业明显多于跨出国门的企业。但近年来，由于人力、汇率等诸多因素，导致某些行业把产业慢慢转移到其他人力成本相对低廉的国家，尤其是周边国家。但因为当地的劳动力素质、外汇管制及政府机关的管理能力，这些迁移的企业发展起来并不是一帆风顺的，而且随时要根据所在国的政治、经济形式的变化而变化，其中的模式也多种多样，包括合资、收购、开独立的分支机构等。我们这里着重介绍的还是外贸企业的海外开拓之路。

☞ 2. 适合自己的模式才是最好的

从一开始的简单供货发展到本土合作，其实已经是非常了不起的进步。如果再发展到海外，更是需要非凡的勇气和能力。

曾经有某个地区的政府为了鼓励当地的小家电出口，组织当地企业集体去某个国家设立共同的仓库，这样便于就近供货和售后服务。这个想法出发点非常好，但由于前期的规划过于理想化，后续的发货又过于同质化，结果反而导致了同业的低价竞争，引起内部的客户争夺，这就是典型的好心办坏事。所以我们在前期开拓时不能一味地求全求大，而是要量体裁衣，适合自己的才是最好的。

如果觉得海外拓展的时机成熟可以先在目标市场国家考察哪些地区、城市是我们的目标客户最集中的区域。从销售目标客户、交通、当地工商业基础等方面来综合考虑是否适合在这里设立开拓的第一站。在真实落户之前，我们可以通过当地销售协会物色那种只是支取销售提成的销售员，用于培育市场。这些当地的销售员可以充当我们的先头部队，试探下当地市场对我们直接进入这个市场的反应，因为是当地人，切入的机会要比我们远程推销容易得多，再加上本身就是销售员，又熟知当地销售的习惯，有很多本身就是行业里的人，在行业里有一定的影响力，容易打开局面。等到这些编外销售的反馈符合我们的预期时，我们就可以在当地设立一个点，主要还是用来提供急货和售后服务，同时考虑选派国内人员驻外。毕竟选派驻外人员牵涉很多方面的问题，包括签证、保险、驻外人员在当地的生活等，所以对待此事一定要非常慎重。

驻外人员与外聘的销售员一起合作，对于在当地形成一定的销售影响力至关重要。因此形成一定规模后这个点就会升格为分支机构，这个时候为了能得到当地行业和政府的认同，我们会严格履行作为一家本地企业的责任和权力，即遵守法律法规，提供就业岗位，依法纳税。一个点设立成功后，我们会考虑辐射周边地区，合理地计划在这个国家的其他重要城市设立仓库或点，配合销售。如果一切都顺利，我们还会把分支机构安排到邻近国家和大洲。

上面介绍的是一种常规外贸公司的海外拓展流程，近几年很多公司都成功了，不但拓展了市场，还在当地站稳了脚跟，甚至开始收购下游企业。

这里还要介绍近年来国内由于电商行业异军突起带来的一种新的开

拓模式：跨境电商。

这个模式最早是从3C行业和婚纱行业开始的，因为货物尺寸小、单价高，即使选择快递，用户也承担得起。后来因为快递和邮政专线的出现，范围开始扩大到服装鞋帽、工艺首饰等。近年来，利用各种平台的跨境外贸一直在蓬勃发展，但这种模式下的客户主要还是用户，订单会很零碎，对某些传统外贸行业来说并不适合。这种情况下，海外开拓有了新的方向，很多企业选择在目标市场租赁仓库。许多涉外平台应运而生，在海外建立仓库，以便企业租用，同时帮助这些企业在海外销售货物，为此这些平台还建立了多方共享的操作平台，以便企业能看到自己货物的流动情况。这个模式集中了优势，可以分段操作，很利于传统外贸往电商方向发展。涉外的仓库一般会承接海运、清关、入库等工作，并在企业给予发货指示后安排当地物流交付货物。它们提供一条龙的服务，减少了企业在国外的成本和沟通手续。传统行业可以根据本身产品特点，量身定做具体的模式，参考目标市场的客户采购偏好，定期投放库存到海外仓库。目前看来这种海外建仓、租赁仓库发货的模式更适合的是消费品类或者标准品类，其他的如工业品类、大型的设备等在拟定合同前需要更多的交流和磨合，可能更合适的还是海外有分支机构的模式。

☞ 3. 拓展需要了解的其他信息

第一，当然是了解当地关于建立分支机构的法律法规，可以找当地律师咨询解决。

因为设立分支机构会牵涉租房子、买汽车等事宜，所以我们还得找当地中介来处理。幸好现在华人遍天下，这种事情很容易解决。

第二，还要为驻外的同事申办签证、办理保险、租赁宿舍，这个时候要考虑生活的便利和安全因素。

第三，要委托一家会计事务所来处理公司的财务及每年的纳税环节。

第四，还要去找银行开立公司账户和公司卡，以便当地经营需要。

第五，因为牵涉很多收货、发货环节，要关注当地海关的关税、新政策等变化，同时要了解所在国家对当地发货的具体要求。

第六，形成一定规模后，需要找当地人来公司工作。这就涉及聘请人的法律程序，需要律师来设计聘请合同，同时招聘后还涉及社保等事宜，需要联系注册会计师来帮忙处理。

第七，要遵守当地的风俗习惯，尽快融入当地的行业和社群。

总之，不管国内外都需要遵纪守法地经营。

十一、风险防范

前面讲了那么多的方法和能力，接下来要讲整个贸易环节里最重要的风险控制环节。做外贸最主要的还是安全收汇，如果只管发货不管收钱，那就不叫贸易，而是慈善。所以这里要详细介绍一下风险成因和风险规范。

☞ 1. 各种风险介绍

当前风险要点

（1）金融危机后市场复苏缓慢。

（2）市场转淡导致客户信用风险大。

（3）以往信用良好的地区开始转为高危地区。

据中国国际贸易网的资料显示，国际上权威的追账公司美国邓白氏公司统计（中国），在代理的国际贸易货款拖欠案中，主要有以下几种形式：

（1）有意欺诈占60%。

（2）产品质量或交接货期违约占25%。

（3）严重失误占10%。

（4）其他占5%。

其中涉及的公司：

（1）海外华商占50%。

（2）不良外籍公司占20%。

（3）一般公司占25%。

（4）驻外机构占5%。

收汇风险主要表现方式：

（1）不注重对客户的资信调查。

（2）合同条款有纰漏。

（3）我方履行合同不严谨，客户找借口少付款或不付款。

（4）纠纷发生后，不重视运用法律手段保护自己的正当权益。

（5）缺乏一套科学的收汇风险防范制度。

☞ 2. 如何控制风险

防范制度设计应该着眼于系统防范：人、钱、货

我们控制风险时关注的重点是钱和货，而人则是变动最大的因素，所以在设计防范制度时人要排在第一位，只要对人进行制度约束，接下来的两点也就有章可循。

建立日常收汇风险管理制度

（1）建立出口业务指导制度。

1）对进口商的资信调查。

这个工作在国内可以委托专业机构来做，一般几个工作日后就能收到客户过去几年里的资信情况。有些发达国家还有专门的网站可以查询企业的资信，注册后付费查询，所得资料来自当地政府监管部门，因此信息是可靠的。

2）指导对出口贸易业务方式的选择。

①对出口收汇方式的选择。

收汇方式带来的风险按照大小比较为：先付款后发货 < 信用证 < 付款交单托收 < 承兑交单托收 < 先发货后付款。从此处可看出，常常被认为是最安全的信用证方式，并不是买方最安全的收汇方式。

②对出口外汇安全保障的选择。

出口收汇，有备用信用证、银行保函、进口商非保证担保和出口信用保险四种方式可选择，增加出口收汇安全保障主要适用于风险较大的出口贸易，即使增加部分费用也是值得的。比如出口信用保险，当前全球贸易额的12% ~15%是在出口信用保险下实现的。前几年金融危机来临的时候，信用保险发挥了巨大的作用，为我国的外贸企业挽回了重大的损失。

③对贸易术语的选择。

商务部提出的指导措施是，尽量采取 CIF 或 C&F 等价格条款，避免外商指定境外货代安排运输。FOB 模式下容易发生货权提前转移的事情，因为货代不受我们控制。就算在货代是遵守行业规则的情况下，也会发生发货后掌控不了后续的事宜的情况。所以尽量避免 FOB，如果客户坚持这个要求，首先要针对这个客户向信保公司投保，另外要对自己的货物和单据处理加倍小心，免得被挑出错误，影响付款。对有些国家的货代在收到复印件就可以放单的情况，大家一定要强调在收汇后安排出货，以保证避免发货后收不到款的事情发生。

④对结算银行的选择。

选择信誉好、有关联方银行进行结算，这样做便于及时处理修改单证、及时通知等，能有效避免出现对方吹毛求疵，认定单证不符拒付的问题。一般情况下，我们会选择客户国家排名前十位的银行，如果没有符合这个条件的，考虑选择国际上著名的跨国银行，这样就能为我们的后续单据处理提供保障。

⑤对承运人和货代的选择。

选择正规的货代，不仅要考虑货代处理国内事宜的能力，更要评估目的港清关能力和费用的水平。一味在国内追求低价往往会造成目的港费用过高，让客户的印象很差。所以我们要根据行业的口碑和费用情况酌情考虑合适的货代，主要还是看对方是否诚信守规矩，遇到问题是否有担当。找到一家合拍的货代，可以帮助我们在海外处理很多我们自己无法处理的问题。

⑥重视外汇风险防范措施的选择。

外汇风险的防范措施主要有：要选择好币种；可利用保值措施；签订保值条款；借助于远期合同；利用外汇与借贷投资业务 BSI 法、LSL 法；使用“福费廷”方法；结合外汇期货市场套期保值等等。汇率波动大的时候我们会考虑选择更坚挺的货币，或者签订保值条款，和银行锁定汇率。如果是客户经营变化或当地市场出现大的变故时，可以考虑其他比如福费廷、保理等方法提前收款，减少风险。

（2）建立安全收汇风险管理制度。

①收汇风险的合同审查与评估制度。

②收汇跟踪督查制度。

③业务员风险防范培训与责任制度。

以上三个制度的建立主要是为了保障企业内部形成对风险的意识和对如何预防风险，如何过滤风险等问题进行了解和解决。有了这样的制度，就能保证每个业务流程都有相应的监督环节来防范和控制。

☞ 3. 跟踪出口合同的防范措施

在出口合同谈判和签订阶段，除了了解对方的资信外，还要防范合同文本的风险。

（1）最好参照完善的格式样本谈判，好处是非常方便，又较为周全。它既可作为谈判基础，又可以提醒双方避免遗漏有关条款。

（2）尽量提供自己的合同文本，好处是能够掌握主动权。

（3）如果是对方提供的合同，要注意“影子条款”，可以先拿回去考虑后再签，不要匆忙签字。

（4）在磋商过程中，如果以 E－mail、传真或口头等方式讨论合同，最好约定以签订正式合同确认书为准。因为将条款集中归纳到一份纸面合同上也是很有好处的，尤其适合我国的具体情况。这可以使合同具有确定性、公开性、告诫性，还可以弥补电子证据（电子邮件、电子数据、传真）的缺陷。

（5）业务条款的风险防范（以支付条款为例）。

如果是汇付方式，尽量在合同条款中要求进口商提供银行保函。

如果采取托收方式，事先要注意有的拉美国家对于 D/P 方式常常按照 D/A 方式处理的做法，更要设法在进口商付款前确保货物的所有权，防止钱货两空，在办理托收时不要在托收委托单上指定代收行。（一般情况下，由托收行来帮助选择代收行最为安全，因为银行之间熟悉彼此的情况，也会掌握风险，比我们贸然指定一家不熟悉的银行来得妥当）

如果是 L/C 方式，要注意规定对方的开证时间、开证银行，并要求进口商退货时须三套正本提单全退回。

（6）重视法律条款。

①违约金条款：第一不要遗漏，第二要全面，第三幅度可以高，但不要太高，因为太高会导致条款无效，等于让裁判庭自己决定。

②商检条款：商检条款是买卖双方结算、计算关税、判断是非、办理索赔的依据。合同应对检验标准、检验期限、凭封单检验还是凭现状检验，以及对标的物质量和数量提出异议和答复的期限做出明确规定，以免进口商拖延不决。

③不可抗力条款：最好在国际合同中尽量列举不可抗力的具体范围、证明条件、通知期限，这可以避免进口商找借口不付款。

④争议解决方式条款：由于国外执行难等许多原因，最好约定仲裁条款。条款表述要规范，不能模棱两可造成麻烦。如“凡因本合同所发生的一切争议，均提交中国国际经济贸易仲裁委员会按照其规则裁决。一裁终局，裁决对双方具有法律约束力”。

⑤法律适用条款：对不熟悉国际条约和外国法律的人士来说，应尽量争取使用中国法律解决争议。

⑥合同文字及其效力条款：合同最好约定以哪种文字为准，如果是买卖设备等内容复杂的合同，还可以约定合同生效的条件，如交付定金后生效等有利条款。

（7）防止侵犯外国专利权。因为目前我国出现较多此类纠纷，要注意避免侵权带来的收汇风险，对来样加工、设备出口等要明确法律责任。

（8）可以规定“货物所有权保留”条款。在不影响正常贸易的情况下，约定在进口方尚未付清全部货款之前，货物仍由出口商所有。

☞ 4. 在出口合同履行阶段的防范措施

合同履行的纠纷，很多是由需要修改合同引起的，国内很多公司因为不注意保留证据而吃亏。出口商自己也要严格履行出口合同，履行交货交单等义务，这是安全、及时收汇的必要条件。

这里以我国最常用的 L/C 收汇方式为例：

（1）订立合同后，出口方应要求进口方尽快开立 L/C，为必要的修改留下充足的时间。

（2）收到 L/C 后，注意防范 L/C 本身的风险：

①慎防假证，有时进口商利用伪造、变造的信用证绕过通知行直接

寄给出口商，引诱出口商发货，骗取货物。可根据银行出证格式检查有无描绘、涂改、剪贴、挖补等迹象，或电话联系中国方银行咨询。

②严格审证，防范信用证“软条款”。常见的软条款有：

船公司、船名、目的港、起运港或收货人、装船日期等须待开证人通知或征得开证人同意，开证行将以修改书的形式另行通知。

货物备妥待运行时，须经开证人检验，开证人出具的货物检验书上签字应由开证行证实或与开证行存档的签样相符。

货物到达目的港后，须经开证人检验再履行付款责任。

信用证暂不生效，待进口许可证签发后或经开证人确认通知生效，货物检验证明或货运收据印鉴由开证行证实方可议付。

这些条款看似正常却深藏恶意，所以要在谈判过程中就避免这些条款，以免后患无穷。

（3）注意缮制单据。按浙江省外贸系统各公司2010年的统计数据为例，差错率占30%，严重影响了出口收汇。这个风险点其实可以在内部控制解决，只要严格按照出口流程来执行，基本上这些问题都能克服。至于打字错误、小数点保留位数等问题，可以要求制单员相互之间监督检查，把出错概率控制到最低。

（4）注意L/C与合同不符的处理，重视改证。

例如：国内A公司收到信用证后，发现信用证的包装条款没有合同约定的外套塑料包装的内容。为了保证安全收汇，国内A公司按照信用证的规定均不加外套塑料包装。新加坡S公司来传真称，由于我方未加外套塑料包装，需重新打包才能转口出售，要求补偿。最后经协商，国内A公司补偿对方2万美元。

国家贸易要求合同和单证一致，单证和单证一致，信用证和合同一致，信用证和单证一致。所以一旦出现证同不符时，我们首先会要求修改信用证。如果不能，就要严格按照合同履行，同时让客户出具确认交货必须符合合同的保证书。这样一旦产生了与信用证不符的单据，可以提前要求客户去开证行确认付款，避免因开证行直接拒付产生的损失。

同样的，在其他付款条件下，也要做好一旦发生变化就要及时确认修改的工作，所有的修改必须落实到书面和双方签字确认，这样才能保证后续发货和收款的安全。

工作中要注意留心国际贸易中的新骗术，以防上当。继前段时间黑客入侵邮箱，让客户付款到骗子账号上之后，最近又出现一个国家贸易收汇新骗局，收汇时让你提供你们企业的海外账户，然后说已经打款给你，但是他把给其他人的款项也打给你了，所以要麻烦你把这笔款项转给另外一个收款人。你查过海外账户后，发现的确多收了钱，然后你就会按照他交代的去做，等你做完代付的事情，海外账户上的钱就立即被客户申请退回，到时你就会发现钱货两空，客户也找不到人了。

☞ 5．在出口合同收汇索赔阶段的防范措施

（1）发现收汇困难，业务员要及时上报公司领导，进入预警程序。特别是已经投保的客户，一旦发现损失即将产生，要及时申报出险，以便及时止损。

（2）及时采取紧急补救措施。

①财产保全货物：通知承运人停止交货、留置货物，或者及时联系协作公司在目的港照料货物。

②减损措施：如保护货物，及时清关，及时检验，易腐霉烂货物的及时变卖处理等。

③行使合同履行抗辩权：扣减相应的货款或货物，中止履行合同，行使中途停运权等。

④及时通知：如不可抗力、迟延催告、发生保险事故、解除合同等。

⑤证据保全：对没有采取纸面证据的合同订立、合同变更、履行证据进行灵活补救等。

⑥如票据丢失要及时挂失等。

⑦必要时，向法院申请诉前财产保全。

⑧必要时，依法申请公安机关扣留或禁止在国内的债务人出境等。

（3）索赔过程中要善用“保留索赔权利”。

（4）注意对调解协议设定生效条件。

常常出现我国公司让步，签订调解协议后，对方仍然不履行，一旦仲裁只能按照调解协议履行，让步权利无法反悔挽救的局面。因此在我方让步后，可以约定在对方没有按照调解书全面履行时，该调解协议自动失效。

（5）产生纠纷协商解决时，要正确选择索赔对象。比如在选择承运人、银行还是买方作为索赔对象上，是有法律程序的，必要时应咨询专家或律师的意见。

（6）如果出口商决定仲裁或起诉进口商、承运人、银行时，最好事先有律师的分析意见书，这样才能做到心里有数并避免草率行事。如果委托追账公司，要找国内或国外有信誉的公司。

保障出口收汇不仅要从出口合同的“四环节”来规范，还要从钱、货、人的“三角度”来进行建章立制、宏观防范、系统统计。这样既能从源头上控制与避免风险，又能实现科学指导、规范操作、化解纠纷，还能改变依赖业务员和领导的经济收汇的传统做法，走上科学经营、依法办事的现代之路。

十二、其他需要的知识

外贸人员除了需要努力掌握语言工具、产品知识、谈判技巧之外，还有其他一些知识需要了解和熟悉。

☞ 1. 汇率变动

自从我们的汇率开始发生弹性变化后，就要实时跟踪报价。平常要关心国家的汇率动向，稍微学习下哪些因素会影响汇率变动，这样有利于对长期合同的报价方向进行掌控。同时要了解我们需要确认的价格是外汇的买入价格还是外币现钞的买入价格，其他价格跟我们的工作没有关系。

如果遇到某些重大合同有分批交货的要求，或者是跟某个重大客户的长期交易涉及汇率变动，我们还可以根据判断去和收汇行商谈以锁定汇率的方法来保障我们在收汇上的风险降到最低，从而保障我们的利益，也可以减少汇率变动带给业务开拓的负面影响。

对汇率动向的掌握，非常有利于新客户、新订单的发展，因为你预测到了未来的情况，你就敢于签订那些竞争激烈的订单。

☞ 2. 财务知识

虽然单位里都有专业的会计，但我们的工作离不开发票、支票、汇票等跟财务有关的票据，所以学习下相应的知识也是很有必要的。我们要了解账号信息与收汇的关系，一旦账户对应不上会直接影响收款。同时还要了解支票和汇票的应用方法，尤其是与退税相关的发票，更要了解如何开准确的发票的重要性。除了了解换汇、成本、毛利率计算的方法外，还要了解如何控制成本费用。

掌握了收汇账号与银行的关系后，可以避免陷入目前流行的国际贸易新骗局中利用海外账号来骗取货物的伎俩，这点在风险防范里已经详细说明过了。

☞ 3. 经济知识

经济知识既包含对国内经济情况的了解和观察，也包含对国际形势的了解和观察。行业里是牵一发动全身的，那么我们也要做到春江水暖鸭先知。从经济新闻、行业报道里去搜索我们需要的信息，比如我们能掌握汇率的走向，就可以去银行锁定汇率，如果知道某国对某个行业有可能反倾销，我们就可以提前做好预案和对策，又比如国家对某些行业有鼓励性政策，而且刚好是我们在发展的新项目，那么新政策肯定能带给我们很多便利，这个时候就可以大力去开拓客户和市场。

十三、执行是硬道理

☞ 1. 执行的重要意义

我们有了好的设想，然后再去调研、核对，以设计出最好的计划，同时配备最好的人力、物力，以及最具可操作性的方法。但如果没有付之行动，一切都只是纸上谈兵，对我们的经营毫无帮助。所以最后我们还是要反复强调执行，执行是事业的保证，是发展的硬道理，一切没有执行就无意义。执行是否到位需要监督、检查核对，并及时发现问题，找出原因，整理出实际可行的解决方案。任何事都不可能一蹴而就，要谨慎小心、扎扎实实地去执行，各个环节确保进度，确保结果。把整个事业按时间点分成一个一个的点，以便操作和驾驭，定下大目标，再分化成短期可执行的小目标，一个目标接着一个目标地来执行，来完成，最终达成大目标。如果中间出了偏差，还可以及时纠正或改变方向，减少损失。

为了说明以上内容，我们特意设计了日常工作流程的重点环节供大家参考。

☞ 2. 列表举例

下表为日常业务跟进中对重要环节的要求。

业务要点	工作要求	体现形式	监督制度
业务部收到客户信息	1. 2天内完成客户信息准确性确认，包括邮箱、电话、客户性质、网址 2. 研究客户网站，了解客户的历史，分支机构，采购需求 3. 结合查到的海关数据确认客户在国内的采购情况 4. 结合以上几点确认自己的开发计划	CRM 日报 OA 以客户为单位的笔记	业务跟进制度
开发信制度	1. 只有进行了上个阶段的客户分析后才可以写开发信 2. 发开发信的隔日必须联系客户，以确认邮件是否收到 3. 不管这个电话是否打通，都必须有邮件再次跟进 4. 同时，在开发信后必须准备七封信持续跟进	CRM 日报 OA 笔记周报	业务跟进制度
询报价	1. 收到询价后，先根据之前的信息储备来推测客户产品使用环境、情况；如果客户有对用途进行描述，那就确认这个产品和用途是否匹配 2. 接到客户询价后，常规产品当天下班前给客户回复邮件 （1）确认采购当天无法报价的，当天下班前写邮件感谢回复及说明目前情况或需要客户提供更多有关产品的信息 （2）采购报价后的正常回复	CRM 日报 OA 笔记周报 ERP 报价系统	业务跟进制度

（续表）

业务要点	工作要求	体现形式	监督制度
询报价	3. 报价后： (1) 客户有回复：收到邮件马上回邮件表示感谢、积极跟进 (2) 客户无答复 ①隔 1 天后，发邮件询问进展，了解情况 ②隔 1 天后，继续电话跟进，了解情况		
寄样	1. 主动：（将客户按规模、按产品、按跟进程度分为 A、B、C 三级） A 级客户可经主管批准后申请寄样 B 级客户达到 5 万美元经主管批准后申请寄样 C 级客户不主动寄样 2. 被动：客户索样，主管审批后申请寄样 3. 报主管筛选、审批，全程把关 4. 所寄样品有原始档案、照片、封样和检测报告	CRM 日报 OA 周报 ERP 寄样系统	样品规范制度 业务跟进制度
图纸	1. 根据产品情况，报价时即附上图纸确认 2. 按客户要求提供图纸 3. 按图纸报价	CRM 日报 OA 周报 ERP 图纸录入系统	业务跟进制度
来样	1. 严格按来样报价 2. 来样必须出图纸，出检测报告 3. 来样严格按照公司制度封存	CRM 日报 OA 周报 ERP 样品管理系统	业务跟进制度

（续表）

业务要点	工作要求	体现形式	监督制度
确认合同	1. 采购单上明确采购的全部要求，如果有特别要求，还需附上客户图纸、样品 2. 其他说明：单据、包装、唛头等，记录在专门格式文件中发给配合部门 3. 如果有定金或信用证，确认合同的同时催定金或信用证	CRM 日报 OA 周报 ERP 订单管理系统	业务跟进制度
验货、交货	1. 产品完工后： (1) 客户或第三方机构验货的，业务部门至少提早 1 天查看产品；并在确认具体验货时间后及时向配合部门发放检验通知 (2) 客户无须验货的，业务部门隔天到指定地点验货 2. 验货后： (1) 客户验货当天发邮件给客户陈述验货情况 (2) 无须验货的，写邮件告知客户货物将在哪天发运 3. 验货涉及合同条款的，要在验货后及时确认相关条款和文件	CRM 日报 OA 周报 ERP 订单管理系统	业务跟进制度
发货、催款	1. 发货后，及时通知客户具体的装船时间，并提供相关文件，如果是发货前付余款的，同时提醒客户付款 2. 如果是发货前就要付款的，请在订舱前就发单据给客户，提醒他及时付款，以便发货 3. 如果是见提单副本付款的，装船后及时发副本给客户	CRM 日报 OA 周报 ERP 订单管理系统	业务跟进制度

（续表）

业务要点	工作要求	体现形式	监督制度
收货	1. 预计客户收货后要及时询问货物情况反馈，以促成下个订单 2. 进入新一期邮件问候、推荐等	CRM 日报 OA 周报 ERP 订单管理系统	业务跟进制度
客户来访	1. 事先确认客户来访计划和目的，以便配合和修正 2. 事中做到有准备，有预案地接待，促进来访目的的达成 3. 事后有总结，有反馈，争取给双方的未来合作打下良好基础	CRM 日报 OA 周报	业务跟进制度
拜访客户	1. 事先规划拜访行程，按陌拜和再次拜访来做计划 2. 拜访已有交易的客户要整理所有近期工作，以便当面交流 3. 陌拜的带好样品和样本 4. 拜访结束后及时给客户反馈会谈情况和后续的安排	CRM 日报 OA 周报	业务跟进制度
投诉和索赔	1. 接到投诉后严格按公司应对投诉的流程执行 2. 等进入索赔流程后需要相关部门协同处理，按公司索赔流程执行（见附表）	CRM 日报 OA 周报	业务跟进制度
其他服务要点	1. 特殊事件、节假日问候 2. 自然灾害后的问候	CRM 日报 OA 周报	业务跟进制度

这张表格只是根据日常工作要求列举了基本的重要节点，在实际工

作中，我们可以根据自身企业的特点和产品特性规划出合适自己的要求。

有了这张对照表，每个客户的跟进情况就要严格按此来执行，这样做的目的是更快得出结果，一旦发现阻碍，部门里面可以动用更多的资源来解决问题。同时，也有利于团队培养出良性竞争的氛围，更能锻炼出一支热情实干的队伍来。

服务/质量事故处理办法

一、目的

加强客户服务意识，提高产品质量，提升公司整体形象。

二、适用部门

业务部、采购部、品质部、仓储部。

三、关联部门

财务部、单证部、行政部。

四、操作步骤

1. 投诉整理

a. 投诉包括：客户服务方面投诉、交货质量方面投诉、供应商配合方面投诉、公司内部部门间或部门内衔接投诉。

b. 各部门以部长为发起人，由部长或部长指定人员填写“投诉处理表”。

c. “投诉处理表”交总经理办公室，由总经理办公室负责后续跟进。

2. 产生原因及分析、解决投诉措施和后续问题预防措施

a. 总经理办公室根据反馈的情况，将“投诉处理表”转交相应部门。由该部门填写问题产生原因及分析、解决投诉措施和后续问题预防措施。

b. 相应部门填写相关内容后，将“投诉处理表”交回总经理办公室。

3. 责任认定

a. 由总经理办公室召集责任认定小组对事情性质进行认定。

b. 对事件相关责任人进行责任认定。

4. 公布

由行政部对责任认定小组做出的决定进行公布。

××× 有限公司

总经理办公室

××/××/××

×××有限公司

编号：____________

<table>
<tr><td colspan="6">投诉处理表</td></tr>
<tr><td>投诉
部门/客户</td><td></td><td>投诉人</td><td></td><td>投诉时间</td><td></td></tr>
<tr><td colspan="6">异常情况说明</td></tr>
<tr><td>产品型号</td><td></td><td>数量</td><td></td><td>异常比例</td><td></td></tr>
<tr><td>出货时间</td><td></td><td colspan="4"></td></tr>
<tr><td colspan="6">质量严重程度：（ ）一般 （ ）较严重 （ ）严重 （ ）十分严重</td></tr>
<tr><td colspan="6">异常情况：（若非质量问题，请直接填写异常情况）

投诉人签名：</td></tr>
<tr><td colspan="2">投诉人部门主管签名</td><td colspan="2"></td><td>时间</td><td></td></tr>
<tr><td rowspan="6">被投诉部门</td><td>产品供应商</td><td colspan="4"></td></tr>
<tr><td>出货检验记录</td><td colspan="4"></td></tr>
<tr><td>出货封样记录</td><td colspan="4"></td></tr>
<tr><td>问题分析</td><td colspan="4"></td></tr>
<tr><td>问题对策及
后续预防措施</td><td colspan="4"></td></tr>
<tr><td>部长签字</td><td></td><td>时间</td><td colspan="2"></td></tr>
<tr><td colspan="6">处理结果</td></tr>
<tr><td colspan="6">（总经理办公室填写）

总经理签名：</td></tr>
</table>

十四、Hold住客户

有了市场，有了方法，也有了执行力，我们是否就一定能把客户做得长长久久呢，除了常见的价格竞争，我们是不是还有其他的方案能把客户长久地留在我们这边呢？

下面是我们在多年工作中对客情关系的思考和总结，供读者参考借鉴。

☞ 1. 销售第一宗旨：诚信服务

“诚信”这个词其实是对人的基本素质的要求，但往往越是基本的就越难以做到，而它对于销售来说是一切服务的基础。“诚信”用英文可以翻译成：integrity。看看英英词典是怎么解释这个词的：（1）incorruptibility，（2）soundness，（3）completeness。意思是：（1）清廉不能被收买，（2）健康公正，（3）完整圆满。同时我们把这个词中的inte和grity拆分成两个词，合起来可以理解为向心的力量，也就是说需要踏踏实实站在地球上，不能飘在半空上做事做人，只能务实，不可务虚。

很多企业会把诚信作为自己的经营理念，让员工日日念，天天记。其实应了那句话：缺少什么念叨什么，也就是越是做不到的越是念叨个没完。

外贸行业里有个共识，就是外国客户比起国内客户要讲诚信得多，在三角债漫天飞的时候，很多企业因为不堪国内三角债困扰造成的资金负累，都纷纷转向外贸，也就是说在某种程度上我们不是没有内需，而是因为市场本身的不健康，间接遏制了需求。经济学上说劣币过于强势最终会驱逐良币，如果到了劣币占据最高点的时候，这个市场也就要崩溃了，稍好的结果就是重创后按市场规律重新洗牌。问题是这个过程将大大消耗我们的资源和人才，大家都不希望看到这样的场景。

近几年，由于金融危机造成市场萧条，大家发现海外市场的违约事件也多了起来，在部分国家和地区尤为突出，同时发现那些口碑最好的地区的客户也开始出现不规规矩矩做生意的迹象，学会了耍手段。其实造成这种状况的起因自然是经济萧条，但另一个原因还是在于我们自己。我们国内的某些企业一贯喜欢耍滑头，貌似精明，实质非常糊涂，只看到蝇头小利，不考虑企业的长远发展。在交货的品质上，交货的时间上糊弄客户，不把合同条款放在心上。这还算是些小事，我们听到过最让人愕然的事是用网络行骗，导致某个网上交易平台直接封杀来自某个地区的卖家，从此这个地区的企业都被拉进了黑名单。一颗老鼠屎坏了一锅汤，这就是典型的劣币驱逐良币。

这样的大背景下，我们在结识新客户后，他们经常会质疑我们的诚信。但这种信任关系不是靠我们靠嘴巴说说就能建立起来和维持下去的，损坏诚信非常容易，往往一件小事就足以毁灭前面所有的努力。

我们国家大，市场大，企业参差不齐，不能要求大家都是一个模样，但我们可以要求自己的员工老老实实做事，进而老老实实做人，最后取得成绩的必然是实实在在的。投机取巧的行为总有一天会被发现，所谓“出来混的最后必然是要还”的。只有自律才能培育出健康、良性发展的市场，从而形成良性竞争。

在前面的实践篇里，笔者之所以让“踏踏实实”这个词反复出现就是在强调它对于我们做生意，做人来说都是至关重要的。

结识客户后大家都报价，有的工厂为了抓住客户会报很低的价格，当然是为了能够脱颖而出拿到订单，结果再核算下成本，发现完全是亏掉了，而作为诚信的供应商只要是签订了合同，哪怕是亏也要咬牙完成，毕竟要给客户一个好印象。但如果这个时候企业忘记了创业时的初心，想着随便发点东西给客户就好，那么最终业务会砸在自己手里。客户没有那么好糊弄，最后还是要用产品质量说话。还有一种是客户出的价格尚可，但企业为了能获得最大利润，就硬生生地去压生产成本，压得过头就导致产品最后不达标，最终也丢失了客户。这种得不偿失的事情在行业里屡见不鲜，怕的是现在虽然只是丢了一个客户，最终却会失去整个市场。

而同样是报了低价，老老实实交货后，客户来返单，企业再次核算了成本，并告诉客户上次的价格自己是没有利润的，希望这次能报个合理的价格，当然这个价格也不能狮子大开口，要在合理的范围内。如果客户只是贪图便宜，显然也不是我们能长久合作的对象，还不如趁早结束这样的交易。如果客户是诚心合作的，必然会考虑前面的产品质量，我们的服务，未来合作能产生的利益等因素，然后再决定是否继续合作。

欧美客户讲话比较直接，所以跟他们交流一定要坦诚。如果总想着出了事情先捂着，等到事发了造成既成事实时再解释，反正到那个时候客户也奈何不了我们，这就大错特错了。例如，前不久我们有批货在发货前检验出了点问题，按照公司要求这样的货是不能被放行发货的，而重做需要一定的时间。当时很纠结要不要把延期发货的真实原因告诉客户，说了怕对方担心我们的品质，不说则编不了谎话。最后还是说了真话，没想到客户压根没有多问就接受我们迟发的请求，在后来去拜访对方的时候，客户重提这件事，说就因为我们这样的一个举动，让他们觉得我们就是他们要找的合格供应商，于是把我们列为今后采购的重点供应商。因为我们有担当、有诚信，没有把问题推给他们去解决。而之前同样有供应商的产品出现了差不多的问题，那家供应商根本没知会他们就发货，结果货卖出去后，用户投诉很多，尽管供应商也赔偿了部分损失，但还是让他们丢了好几个 OEM 客户。所以老话说得好：吃亏就是便宜，意思是老老实实的人看似吃亏，但最后大家都跑去和他做生意，其实是大大地占便宜。

两家公司远隔万里，因为某种产品而联系在一起，采购商要冒很大风险才能收到符合要求的货。同样，供货商也要冒很大风险才能在转移货权后按时收到货款。如果双方都在诚信的基础上合作，那么这项交易将进行得顺利和圆满。如果大家都有自己的小算盘，那么最后倒霉的必然是不遵守游戏规则的那方。合作共赢是所有贸易的基准和目的，只有单边获利的事情总是不会长久。

☞ 2. 站在客户的立场处理事务

看见这个小节的标题，大家会问，我们都站在客户的立场处理事务，那我们的立场呢？我们的立场其实就是客户的立场，我们所做的事情就是圆满完成这项交易，所以我们跟客户的立场是一致的，不存在东风压倒西风的局面。可惜很多企业没有看清楚这点，经常有那种货款到手之后不关我事的态度，如果你只打算做一票就换个地方，那可以这样，但对于想在市场上树立形象和品牌的公司来说，这样做的后果将非常糟糕。

日常工作中最容易让客户反感的就是一遇到问题，便急忙推卸责任，特别是遇到质量问题，或产品出险的时候。

将心比心，如果自己是进口商，遇到这种情况肯定是找卖家来处理，当时你的感觉一定也是很愤怒。

并不是说我们什么都按客户的意思来做，而是要站在一个中性的、公允的立场来看待问题，有个时髦词叫“理中客”，我们可以借用下，即理性、中立和客观。但我们在客户面前要表现得像是彻底从他的立场出发，这样在商谈重要问题时才不至于陷入僵局。如果一开始就顶着客户，不管谈多久，结果都会谈崩。如果事情非常复杂、非常艰难，我们就从比较容易达成共识的问题着手，像做数学题那样一个条件一个条件地去商讨，这样就算为了两方的平衡，大家都会权衡利弊，都会选择做一点让步。这种谈判说白了也就是双方博弈和妥协的过程。

比如客户写来邮件责骂我们的产品出了问题，我们不要一上来就说这个应该不是我们的问题。在很多外贸邮件里我们经常看到类似的回复，如果真的这样处理，相信下封邮件里客户的愤怒会升级。我们应该在接到这样的投诉时非常冷静地答复客户："接到这个消息我们感到非常遗憾，为了更好地解决问题，我们希望你提供更多的信息，比如具体的问题，具体的型号和数量，最好还能提供相关照片。"

这样会让客户的愤怒有个缓冲阶段，同时也让他知道我们并没有推脱责任，只是希望了解真实情况后再去解决问题。质量出了问题对企业来说是个危机，但我们要客观地去看待问题，有时候危机也许是企业新机遇。所以我们要积极乐观地解决问题，该是我们的责任就是我们的责任，不是我们的责任，我们也不要态度嚣张，而是要协助客户去处理，争取将损失减到最小。

曾经发生过这样一件事，我们正常发货，结果客户收到的货根本不是我们合同中承诺的货。我们从仓库查到发货时没有问题，怎么样也想不到哪里出了问题，因为是新成交的大客户，为慎重起见，业务主管特意去了趟客户所在国，现场看了货，马上发现这个货虽然型号一致，但包装风格却不是我们的。那么不管我们的货去了哪里，至少目前是找不到了。我们对客户说清楚了情况，同时重新发一批货，不至于影响客户的使用，客户非常感动。而那批弄错的货在一个月后也找到了，证实是客户在目的港提货时弄错的。这下事情非常清楚，这件事情里我们其实没有一点的责任，但我们考虑到客户的实际情况，愿意从他的立场出发来解决问题，从而让客户觉得我们是真正值得合作的贸易伙伴，从此我们成了他最大的供货商。

在检验品质时更需要从客户的立场出发，而不是只从自身企业的好恶出发来决定货物的好坏。最忌讳的话就是差不多就可以，客户能接受这样的质量等等。这样几次三番下来，我们的产品质量会每况愈下，客户那边渐渐地就会累积很多的抱怨，最终爆发，使我们丢失客户。比如对于产品外观，从最开始的严格要求，到后来慢慢觉得客户都是能接受的，或者是为了赶工，或者是为了节省检验成本，慢慢地就对这个要求掉以轻心，这样的情况如果一直发展下去，我们很快就会被新的供应商取代。再比如对于包装材料这种非常细小的环节，有些企业在降低成本的时候考虑不降低主材的成本，但可以在包装等物料上动下脑筋，于是包装材料的品质越来越差，最终导致货物在运输过程中出现了破损，那么货物材料再好也会招来客户愤怒的投诉。

另外就是要在客户市场开拓或面临问题时能设身处地地去解决，给予客户正面积极的回应。

我们有个客户因为扩张太快，导致资金紧张，作为合作多年的老客户，我们特意去实地查看货款一直拖延的情况。最后证实客户的经营情况还是良好的，只是目前资金太紧张，需要供货商能在关键时候给予支持。经过仔细严谨地评估，我们觉得这个支持是必须要给的，于是重新商谈付款条件，同时为了保障我们的利益给这个客户做个信保。在经过一段艰难的时间后，客户终于理顺了自己的市场和资金，作为与他同甘共苦的合作伙伴，在后面的交易里，对于价格和交期他就愿意坐下来跟我们商量，而不会像之前那样要求苛刻。

有的时候，在同一个市场有相同类型的客户，我们会调查他们是否存在行业上的冲突，如果没有，照常交易；如果有，会先征求老客户的意见，看他们如何看待这种冲突，如果客户觉得不是很妥当，我们会同意放弃另一个客户，但也会提出放弃这个客户的同时，老客户需要进行倾向性的采购，以弥补我们放弃的利益。

如果客户觉得我们还有其他相同类型客户没有问题，那就放心地交易。有的时候隐瞒并不是好方法，坦诚告知我们的客户情况，反而会得到客户的理解。有个客户是行业里的领导者，当他得知其实我们还与其他客户有类似交易后，他的答复是他自己设计的产品需要加签保密协议，保密时间需要一年，一年之后我们可以跟其他公司交易。客户明白市场规则，提出了非常合理的条件，我们肯定是欣然接受了。

说完了与客户的立场，接着来说纯外贸公司还需要维持与工厂、合作供应商的立场关系的情况，其实还是同样的原则：以事实说话，坚持谁的责任谁来负担。

对于供应商，我们负责把真实情况反映给对方，让他们自查原因，同时我们要起到复核的作用，把真实的原因找到并要讨论解决的方案。这么做的原因在于我们首先是在一条战线上的，是互相依存的关系，其次我们还是同胞，不管怎样，要维护的是大家的利益，如果真的遇到了索赔等问题，也要想办法尽量把损失减到最小，这样才符合长久合作的大方向。所以在遇到这种投诉索赔的时候，我们要尽量平衡我们自己、客户和供应商三方的关系，拿出最容易让大家接受的方案来解决，尽量不造成更大的伤害。为此，我们在交易时对重点客户要做好许多防护措施，除了商品本身质量上的严格把关外，还要对客户的资信做详细调查，并及时向信保公司投保，以保障在客户遇到严重信用危机时能及时止损并尽量挽回已交易的金额。关注客户动态，除了来自信保的资信调查，还可以利用发达的互联网来协助调查客户的经营动态。

☞ 3. 在客户面前建立私人形象

虽然交易是在两个公司之间，但实际操作的人其实在整个交易中也起到非常关键的作用。

这就是这里要讲的私人形象。大家会觉得诧异，一般来说做生意无非是产品好、价格好，为什么还要提私人形象的问题？在早期交易时，私人形象占的比重的确不会太大，但有些关键的节点还是需要它发挥作用的。而随着更多的软件应用到外贸行业，交流成本的降低，个人的服务意识和工作素养就变得越来越重要。

我们平常会交代业务员，尤其是新人，在对待客户时要不卑不亢，保持一定距离，不要一副自来熟的样子，会让人生厌。在客户面前需要体现的是自己的专业性，同时也要证明自己是个努力敬业的、值得被信赖的销售员。西方经典销售有个说法就是永远不要对你的客户说“不”，当然这是一种比较夸张的说法。但实际工作中就是要做到能让客户满意，暂时做不到的也不要一上来就说不行，而是要用委婉的说法解释我们的困难。

有这样的一个例子，有个客户与我们公司的人变得很熟后，就讲到他之所以选择跟我们合作，其中一个原因就是我们的销售员非常执着，同时也非常有分寸地联系了他近半年，而且在这半年里我们的销售员平静和认真地向他推荐产品和各种优惠情况。

在客户第一次的询价后，这个销售员的回复和反应是所有供应商里最及时的，哪怕是在节假日。

对这样的销售员，他非常欣赏，愿意给他合作的机会。

另外一个例子则是笔者前辈的故事。在展会上这个前辈结识了一个客户，展会结束后他第一时间联系了这个客户。客户后来说前辈是第一个主动写邮件给他的供应商，大概在展会现场交流的时候给他留下了一点印象，他还是给前辈机会报价和寄样。三个月后客户同意来看工厂，前辈抓住了这个机会，在接待的时候不仅安排了他打算看的工厂和产品的展示，同时按照对对方市场的了解，还提供了其他相关的产品的展示。客户果然非常满意，接下来的几年交易量逐年上升，而且，他还介绍了他的同行朋友来找前辈采购。

他的同行朋友转述他介绍前辈的原话：如果你打算从中国进口产品，请找她，她会帮你完成好所有你想在中国完成的产品采购。这句话有点夸张，但前辈非常感动，这是对业务员和公司最高的褒奖。

在做客户交接工作的时候，新的业务员会有所顾虑，因为觉得老同事与客户有很深的联系，建立了很好的关系，新人插手进去，容易被排斥。这样的情况在日常事务中经常会发生，一般来说客户并不会有太多的抱怨，除非新接手的人非常不合格，但也不是说所有的客户都会有这么好的脾气。有时候新人接手后，因为很多事情他还没有概念，联系起来就没那么利索，同时又担心做事没有分寸会让客户不高兴，一来二去，客户就会觉得新人对于工作不太得心应手。有的就会直接来找老总，要求换人。这样的情况下，我们要尽量照顾客户感受，让有经验的同事来接手，同时也要安抚好新人，其实并不是新同事不够努力，而是经验这种事真的不能强求。如果是老同事接手，她就会利用往日的经验来判断这个客户的喜好，同时也会找前面负责的同事详细了解他们日常是怎么交流和合作的。摸清楚规律后，正常交流就行，并不用担心客户会提多苛刻的要求。你的努力和负责任会体现在日常工作中，天道酬勤，你的客户也会感受到你所做的努力。

☞ 4．在商言商，实现双赢

商人的本质是利益，所以我们心里要有个准则，不做亏本的生意。

双赢的交易才能长久，只有单边获得利益终会让受损的一方放弃。这样的单边交易在最初为了赢得客户时我们会考虑使用，但在后面的交易里还是会恢复正常的交易模式，不能一直亏本下去。企业最终还是要靠利润来生存和发展。

在日常工作中，我们更喜欢坦率地谈论报价和产品情况，客户也一样喜欢，拐弯抹角、拖拖拉拉不应该是我们这个行业的风格。一开始什么都答应，到后面却迟迟不履行，最后干脆告诉客户我们做不了，这样的工作作风很差，甚至可以说非常不专业。企业首先要靠质量站立在市场上，然后要靠口碑树立形象，都说金杯银杯不如口碑，口碑之重要可见一斑。但就像大家都知道的口碑建立起来很困难，而想损坏则是那么容易。

先小人，后君子是我们最喜欢的工作风格。在价格上我们锱铢必较，在交期上我们谨慎再谨慎，但一旦合同成立，我们必定严格按照合同来完成，除非有其他事先已经在合同里写明的条款，比如汇率变化，或者原材料价格波动，在这样的条件下双方要重新讨论价格或交期等等。另外，除非发生了不可抗力的事件，不然除了以上列举的这些以外没有什么理由可以阻止我们不履行合同。

商人永远都追求利益的最大化，但商人也一样有原则，对于金钱还是要取之有道，并不是一味地追求利益就好。

比如实际交易中有的客户会要求我们提供打着各种名牌的产品，这种事情在我国还未进入国际知识产权保护协会时其实很正常，企业对品牌没什么概念，基本上客户需要什么就会提供什么，客户是上帝，结果我们企业的名声坏得一塌糊涂。后来大家慢慢有了产权意识，然后很多聪明过头的人就恶意抢注很多世界名牌在中国的商标权益，这同样是很恶劣的行为。如果是无意识抢注还有个说法，否则做这种打眼的事的企业实在不高明，很容易在行业里树立恶名。这也是造成今日国外企业对我们总持有怀疑态度的原因，按照过去的种种劣迹来看，我国企业的形象确实不太好。要让客户对我们尊重，首先我们自己应该尊重我们这个行业，坚守我们对产品，对市场的道德底线，这样才能获得伙伴们的尊重和竞争者们的肃然起敬。

就像我们目前总是碰到反倾销的案子，中国制造已经不能让人忽视，受到威胁的外国同行拿起了这个武器来保护自己的产业，而我们也要学会积极应诉，争取自己的利益，既然是自由竞争的市场，那么就透明公平地去竞争。积极应诉，在国际贸易的舞台上发出自己的声音，让大家明白市场是平等的，这样做的目的就是要获得对手的尊重和进行良性竞争。

最早的时候，我国的企业不明白这个道理，往往会对提起反倾销的国家做出放弃的决定，幸好现在走出去的企业越来越多，越来越懂得为自己、为国家争取利益。因此对反倾销进行应诉也成了企业在国际上树立形象、打造品牌的良好时机。只有沟通才有被理解的机会，而有共同的利益，双赢是最好的结果。

☞ 5. 销售的本质是一种生活态度

前面讲了这么多有关销售的事情，最后说一下笔者对销售本质的看法。小结的题目写着“销售的本质是一种生活态度”，这种说法好像是在讲哲学，很深奥的样子，但在我看来还真是这么一回事。销售的行为在商业社会中司空见惯，但这个行业里每年还是在孜孜以求商业销售的秘诀。书店里销售类的书籍始终在排行榜前列，这说明大多数人还是认为销售是有秘诀、有捷径的。刚入行的新人会捧着这些宝典奉为圭臬，但成长起来以后会发现这些所谓的宝典其实也是最基础的常识，是就算不做销售，在生活中也应该明白的道理，那么这些宝典又能有多大的意义和作用？在行业里的人看来销售没有什么秘诀，也没有捷径，有的只是我们的产品，我们的诚信，要用我们企业和个人的人格魅力去感染客户，维持更为人情化的贸易关系。因此我们在这里就说这其实是一种生活态度，我们的生活的态度决定了我们对待客户的态度。如果我们积极热情地对待生活，自然也对客户有持续的热情和合作的态度，遇到困难时不会因一时的挫折而打退堂鼓，而是想着要怎么去解决、克服这个难关，从而达到我们最初的目标。如果我们觉得这个工作只不过是在维持生计，那么客户持续的要求会让我们不厌其烦，不胜其累，在日常工作中最终会变得马马虎虎，敷衍了事。同时，如果我们希望产业良性、健康的发展，对自己的品牌和声誉无比重视，就会重视每一次交易，每一个客户。如果单纯只是为了多赚钱，不考虑企业的发展更不考虑行业的未来，那么打一枪换一个地方地进行下去，最终就会走向行业的末路。

只有在传统外贸的基础上整合互联网下的外贸新思维，秉持最传统的道德美德，坚韧不拔，诚信守约，质量与信誉并重，不急功近利，不贪图眼前利益，使自身企业走持续可发展道路，才能最终实现成为行业常青藤的目标。

后记

这本书一开头讲到的公司，就是按着书里写的办法开始了它的外贸2.0升级版之路，尽量利用现有资源，加上对互联网便利方法和工具的学习使用，使它的改变之路从一开始的困难重重，转变为走得愈来愈宽，走出了一条适合自己发展的路。短短几年，该公司就已经树立起了自己的优势品牌，为了配合客户的需求，还在目标市场开设了仓库。目标客户也从个位数慢慢增加到两位数，对市场的影响力也逐渐变大。但该公司不敢冒进，还是小心谨慎地培育客户和市场，对每一款产品都很用心，对每一份订单都严格要求，稳扎稳打，慢慢地去争取更大的市场份额。在前行的路上，还会遇到各种困难和问题，但该公司已经从前面的各种训练和实践中摸索出属于自己的一套办法。相信不管市场如何变化，商业模式如何发展，只要该公司按着自己的这套方法紧跟时代就不会掉队。